신행사전 006

철학·변증학 용어 사전

KB126106

100book.co.kr

Originally published by InterVarsity Press
as *Pocket Dictionary of Apologetics and Philosophy of Religion*
(IPR) by C. Stephen Evans.
© 2002 by C. Stephen Evans.
Translated and printed by permission of InterVarsity Press, P.O. Box 1400,
Downers Grove, IL 60515, USA. www.ivpress.com.
License arranged through rMaeng2, Seoul, Republic of Korea.

This Korean translation edition © 2018
by 100 Publishing House, Goyang-si, Gyeonggi-do, Republic of Korea.

이 한국어판의 저작권은 알맹2 에이전시를 통하여
InterVarsity Press와 독점 계약한 도서출판 100에 있습니다.
신 저작권법에 의하여 한국 내에서 보호받는 저작물이므로
무단 전재와 무단 복제를 금합니다.

※ 문제 제기, 오탈자, 제안 등은 이메일(100@100book.co.kr)로 전달해 주시면
   더 좋은 책을 만드는 데 큰 도움이 됩니다.

철학·변증학 용어 사전

서문

종교 철학에 대한 책을 쓰는 것은 그리스도인에게 흥미로운 일입니다. 제가 대학원에 들어갔던 1969년에는 그리스도인 철학자가 소수였습니다. 사람 수도 적었지만, 영향력은 더 작았습니다. 그러나 하나님께서 많은 사람들을 철학의 장으로 불러 주셨고, 저는 그러한 기간에 활동하는 특권을 누리고 있습니다. 이에 대한 증거로, 미국 기독교철학회The Society of Christian Philosophers (SCP) 명부를 보면, 현재 1,200명이 넘는 회원이 가입되어 있습니다.● 50년 전에는 상상도 못했을 정도로 종교 철학과 변증학이 왕성해진 듯합니다.

이 분야에서 이루어진 수많은 작업은 어쩌면 여러 분야에서 활동하는 교육받은 평신도 그리스도인들에게 큰 관심을 불러일으키고 있는 듯합니다. 그러나 다른 많은 분야에서와 마찬가지로, 종교 철학과 변증학에서도 자기들만의 전문적인 외계어jargon가 사용되고 있습니다. 그래서 비전공자들이 그러한 글들을 따라가기가 매우 어려울 수 있습니다. 제가 이 작은 사전에서 기획하는 바는, 이 분야에 대한 철학자들과 신학자들의 글을 이해하는 데 필요한 주요 용어들을 정의하는 것입니다. 모든 표제어를 간단명료하게 정의하려고 노력하였습니다. 그래도 경우에 따라서 몇몇 중요한 문제에 대해서는 정의를 넘어서 최소한의 설명을 덧붙이긴 했습니다. 분명 이 책에는 저 개인의 성향도 드러날 것이고, 제가 헌신하고 있는 역사적 그리스도교 신앙의 관점도 내비춰질 것입니다. 그러나 저는 논쟁이 되는 문제들을 공평히 다루려고 노력했습니다. 특히 그리스도인들 사이에서 일치하지 않는 지점을 공평하게 다루려고 하였습니다.

이 책은 『신학 용어 사전』(Pocket Dictionary of Theological Terms, 알맹e & 도서출판 100 근간)에 영감을 받아 탄생하였습니다. 스탠리 그렌츠와 데이빗 구레츠키, 그리고 체리스 피 노들링에게 감사드립니다. 『신학

● 2018년 5월 현재 875명.

용어 사전』은 그 방식에 있어서도 좋은 참고가 되었고, 또 제 책과 몇몇 겹치는 용어에 대해서도 통찰력을 주었습니다. 저는 그들이 쓴 책의 형태를 따랐습니다. 용어도, 인물명도 어구도 그들이 쓴 책과 일치시켰습니다. 그러나 저는 일반 사전들과는 달리, 많은 고유 명칭을 포함시켰습니다. 왜냐하면 변증학과 종교 철학을 이해하기 위해서는 고대와 현대의 많은 인물들, 학파들을 알아야 한다고 생각하기 때문입니다.

이 책의 상호 참조 체계는 용어 사전에서 매우 유용합니다. 본문에서 만나는 단어나 어구 앞에 별표(*)가 있다면, 그 단어(어구)는 표제어라는 의미입니다. '참조'는 관련 내용이 있는 표제어를 지시해 줍니다.

저는 이 책이 종교적·신학적 주제를 진지하게 반성하는 일에 관심이 있는 사람들, 특별히 주님의 교회의 지체들에게 유용하기를 소망하고, 기도합니다. 저는 제 자신의 변증학적 생각이 담긴 책 『왜 믿는가』(Why Believe?)에서 변증학의 중요성을 과대평가하지 말라고 경고하고 있습니다. 저는 나사렛 예수님 안에 계시된 하나님께 대한 합리적인 믿음을 얻기 위해, 모든 그리스도인들이 그러한 문제들을 살펴보아야 한다고 생각하지 않습니다. 그러나 저는 그리스도인들이 믿는 바에 대한, 그리고 왜 믿는가에 대한 단단하고 정직한 생각이 교회에 유익이 될 수 있으리라 확신합니다. 이 책이 그러한 목적에 겸손한 방식으로 도움이 된다면, 저는 매우 기쁠 것입니다.

C. 스티븐 에반스

| 일러두기 |

1. 라틴어, 로마자로 고쳐 표기한 언어, 책 제목은 기울임체로 표기하였습니다.
   (단 영어에서도 통용되는 표현이나 사람 이름은 제외)

2. 둘 이상의 언어를 병기한 경우,
   영어 및 한자 이외의 언어 앞에는 다음과 같은 약어를 표시하였습니다.

   네: 네덜란드어   **독:** 독일어   **라:** 라틴어
   아: 아랍어   **압:** 아베스타어(고대 동부 이란어)
   이: 이탈리아어   **페:** 페르시아어   **프:** 프랑스어
   히: 히브리어

3. 번역어의 이해를 돕기 위해 역자의 주를 첨언하였습니다.
   달리 번역될 수 있는 경우는 〔 〕로 묶어 본문 안에 삽입하였으며,
   그 밖의 설명은 동그라미(●)를 표시하여 각주로 넣었습니다.
   모든 주는 역자의 주입니다.

ㄱ

가능 세계可能世界 possible worlds 실제 세계가 〔다른 식으로〕 있을 수 있는 방식들. 실제 세계에서 나는 갈색 머리지만, 내가 금발 머리인 가능 세계도 있다. 사태의 모든 가능한 상태들을 조합하여 나오는 경우의 수의 범위 내에서, 실제 세계에 대한 어떤 최상의 대안들을 조합하여 상정한 경우, 그 대안들이 하나의 가능 세계를 구성하는 요소가 된다. 하나의 가능 세계라는 개념은 '필연성'과 '가능성' 같은 양상 개념을 이해하기 위해 폭넓게 사용된다. 그리고 이러한 용어들은 *존재론적 논증과 *악의 문제에 관한 논의에서 매우 중요하다. 보통 *라이프니츠가 하나의 가능 세계라는 개념을 처음 사용한 것으로 여겨진다. **참조.** *필연성.

가다머, 한스-게오르크 Gadamer, Hans-Georg (1900-2002) 해석 행위를 인간 실존의 근본적인 차원으로 본 철학적 해석학을 전개한 독일의 철학자. 가다머는 마르틴 *하이데거의 학생이었다. 그는 계몽주의가 지닌 '편견에 대한 편견'을 비판하며, 이해가 우리에게 요구하는 바는 전통이 제공한 '의미의 지평'에 기대어 텍스트를 파악하는 것이라고 주장하였다. 해석자는 자기 자신의 의미의 지평과 만나며, '지평 융합'fusion of horizons; 독 Horizontverschmelzung이 있을 때 참된 이해가 생겨난다.

가부장제/모권제家父長制/母權制 patriarchy/matriarchy 대부분의 경우로, 아버지나 남성에 의해 주도되는 사회(가부장제). 드물기는 하지만, 전반적으로 어머니나 여성에 의해 주도되는 사회(모권제). 최근에 페미니스트들은 대부분의 인간 문화가 가부장제에 의해 주도되어 왔다고 논증한다. 또한 가부장제가 해로운 방식으로 그리고 종종 당연한 듯한 방식으로 종교는 물론 과학과 철학 같은 문화적 활동을 형성해 왔다고 논증한다. **참조.** *젠더, *페미니즘.

가언 명령假言命令 hypothetical imperative *정언 명령 참조.

갈릴레오 갈릴레이 Galileo Galilei (1564-1642) 이탈리아의 천문학자이자 물리학자로 근대 초기의 위대한 과학자 중 한 명. 갈릴레오는 근대 역학을 발명하였으며, 태양이 태양계의 중심에 있다는 코페르니쿠스Copernicus, 1473-1543의 이론을 옹호하였다. 그는 종교 재판에 불려가서 자신의 견해를 철회하도록 강요당했다. 이 사건은 종교와 *과학 간 갈등의 증거로 자주 인용된다. 그러나 갈릴레오 자신은 깊은 신앙심을 지녔으며, 자신의 과학적 접근법에 대한 신학적 정당성을 제시하기까지 했다.

갑바도기아 교부-敎父 Cappadocian fathers 아리우스주의와의 투쟁과 *삼위일체에 대한 정통 교리를 발전시킨 것으로 유명한 한 무리의 신학자들. 카이사레아의 바실리우스Basíleios, 330?-397와 니사의 그레고리우스Grḗgórios, 335?-395와 나지안주스의 그레고리우스Grḗgórios, 329?-390로 대표되는 이 교부들은 니케와 공의회(325)와 콘스탄티노플 공의회(381) 사이에 저작을 남겼다. 삼위일체에 대한 그들의 이해는 하나님이 셋이심threeness을 상대적으로 더 많이 강조하는데, 이는 *아우구스티누스와 같은 라틴 신학자들의 특징이 되었고, 또한 *사회적 삼위일체론으로 알려진 20세기의 관점에도 영감을 주었다.

개념론槪念論 conceptualism '선함'과 같은 보편자들의 상태에 대한 문제에서, *실재론과 *유명론 사이의 절충적 입장. 실재론자들은 보편자가 객관적으로, 즉 마음과 별개로 존재한다고 주장하였다. 유명론자들은 주장하기를, 보편자는 개별자들을 묶어서 지칭하는 단순한 이름일 뿐이다. 개념론자들은 보편적인 용어와 관련된 개념들이 실재하지만, 마음과 별개로 존재하지는 않는다고 주장한다.

개혁주의 인식론改革主義認識論 Reformed Epistemology #개혁파 인식론 알빈 *플란팅가, 니콜라스 *월터스토프, 윌리엄 *올스턴의 작업에서 영감을 받아 *지식과 *믿음에 대한 물음에 접근하는 방식. 다수의 개혁주의 인식론의 지지자들은 칼빈대학교와 관련되어 있으며, 아브라함 카이퍼Abraham Kuyper, 1837-1920의 그리스도교 학문 개념에서 큰 영감을 얻었다. 개혁주의 인식론은 특이하게도 하나님에 대한 믿음이 그 자체적으로 '적절한 기초'일 수 있으며, 증거를 기반으로 삼는 것이 아니라고 주장한다. 플란팅가는 지식이 진리를 지향하는 '설계 계획'에 부합하도록 의도된 환경 속에서 적절하게 기능하는 인간 능력faculties의 결과라고 주장하는 *인식론을 발전시켰다.

개혁주의 전통改革主義傳統 Reformed tradition 장 *칼뱅과 그의 추종자들에게서 특히 영향을 받은 그리스도교 전통. 개혁주의 전통은 하나님의 *주권과 인간 사회의 다양한 영역을 변혁하고 구속하라는 명령을 매우 강조한다.

객관성客觀性 objectivity *진리에 관심을 둔 공정한 탐구자의 특성. 그러나 이 특성의 본성이 무엇인지는 논란이 된다. 객관성에 관한 전형적인 이념 하나는 완전히 중립적이고, 감정이 배제되고, 전제도 없으며, 사상가로부터 분리된 객관성이다. 그러한 사상가는 토머스 네이글Thomas Nagel이 '관점이 없는 견해'the view from nowhere라고 부른 것을 취하는 사람이거나, 또는 바뤼흐 *스피노자 기술한 것처럼 "영원의 관점 아래에서" 신적인 관점으로부터 세계를 보는 사람이다. *포스트모던 사상가들은 이러한 의미에서의 객관성이 불가능한 것이며 심지어 바람직하지도 않은 것이라고 공격한다. 그러나 이러한 의미에서의 객관성은, 정말로 진리에 관심이 있고 반대 증거도 존중할 마음이 있는 인간의 정직함과 구분되어야 한다. 객관성이 이러한 것이라면 우리 인간의 *유한성에 대한 인식과 양립 가능해 보인다. 그리고 이런 식의 객관성은 그저 왜곡하는 필터가 아니라, 우리의 정념과 가정이 진리를 탐색함에 있어 도움이 되도록 기능할 수 있는 방식과도 양립 가능한 것으로 보인다.

거룩 holiness 어떤 것이든 이것을 소유하면 일상적인 피조물이 '아닌' '다른' 것으로 나타나는, 하나님께로 따로 구별된 물건이나 사람의 성질, 또는 하나님의 성질. 그래서 모세가 불타는 떨기나무 앞에서 하나님을 만났을 때, 그곳이 거룩한 장소였기 때문에 그는 두려움을 느꼈으며 "신을 벗으라"는 음성을 들었다. 신약 성서에서 거룩은 의롭고 도덕적으로 순결한 특성을 점점 띠게 된다. 성결운동Holiness Movement은 은혜의 사역과 구분되는 성화에 특별히 강조점을 둔 교회에서, 특히 웨슬리 전통에서 일어났다. **참조.** 도덕성.

결과주의結果主義 consequentialism 도덕과 관계없이 행동의 결과에 의해 어떤 행동이 윤리적으로 선한지 혹은 그른지가 결정된다고 보는 윤리학 이론. 도덕과 관계없는 행동의 결과로는 그 행동이 산출한 쾌락의 총합, 고통의 총합과 같은 것들이 있다. *공리주의가 결과주의의 좋은 예다. 공리주의자들은 주장하기를, 도덕적으로 옳은 행동이란 결과에 영향을 받는 모든 사람을 따져봤을 때 최선의 결과를 낳는 행동이다. 결과주의는 *의무론과 대조된다. 의무론에 있어 옳고 그름이란 순전히 결과에 의해서 결정되는 것이 아니다.

결정론決定論 determinism 인간의 선택과 *행동을 비롯한 모든 자연적 사건은 과거의 상태가 낳은 산물이며, 이러한 과거와의 인과 관계가 필연적이라는 관점. 따라서 결정론자들은 주장하기를, 어떤 특정 시간의 우주의 상태가 주어지고, 추가로 자연 세계의 사건들을 통제하는 인과 법칙까지 주어진다면, 미래(모든 시점의 미래)의 우주 상태가 정해진다. 다양한 종류의 결정론은 인과적 결정력의 본질을 무엇으로 보느냐에 따라 구분된다. 오늘날 대부분의 결정론자들은 과학적 결정론자이다. 그들은 자연의 법칙이 결정의 요인이라고 믿는다. 반면 신학적 결정론자들은 하나님께서 모든 사건들을 직접 결정하셨다고 믿는다. 이 또한 가능한 주장이다. **참조.** *양립 가능론, *인과 관계, *자유 의지.

경험론經驗論 empiricism *지식을 습득함에 있어 감각 경험에 최고의 지위를 두는 인식론의 한 형태로, *합리론의 인식론적 측면과 대조된다. 경험론에도 여러 유형이 있다. 고대 세계에서 *아리스토텔레스는 본유 관념을 강조한 *플라톤보다 훨씬 더 경험론적이었다. 이러한 차이는 중세 철학자들에게도 동일하게 반영된다. 일부 중세 철학자들은 플라톤주의자였고, 또 어떤 이들은 토마스 *아퀴나스처럼 아리스토텔레스를 더 밀접하게 따랐다. 근대 철학에서는 존 *로크, 조지 *버클리, 데이비드 *흄 같은 영국 철학자들이 가장 중요한 경험론자이다. 20세기에는 *논리 실증주의와 이를 계승한 이들이 경험론 전통을 대표현다. **참조.** *인식론.

계몽주의啓蒙主義 Enlightenment 인간 *이성의 *자율성을 강조하고 전통적 *권위의 역할을 의문시한 18세기의 지적 운동. 계몽주의 사상가에는 토머스 제퍼슨Thomas Jefferson, 1743-1826 같은 사람도 포함되겠지만, 임마누엘 *칸트와 데이비드 *흄이야말로 가장 중요한 계몽주의 사상가이다. 칸트의 "네 자신의 이성을 사용할 용기를 지녀라"라는 말은 계몽주의적 태도를 잘 표현한다. 칸트와 흄은 모두 종교적 믿음의 이성적 근거를 영향력 있게 비판하였다. 그럼에도 칸트 자신은 종교적 *지식을 부정하는 가운데 이성적인 종교적 *신앙이 들어갈 공간을 마련하고 있다고 생각하였다.

계시啓示 revelation 하나님께서 자신에 대해서 알리신 것, 그리고 이러한 통찰이 주어지는 과정. 대부분의 신학자들은 *일반 계시와 *특별 계시를 구분한다. 하나님에 대한 일반 계시는 자연과 어느 정도 보편적인 인간 경험(예컨대 우리의 의존 감정) 안에 주어진 것이다. 특별 계시는 역사 속에서 구체적인 개인들, 특히 선지자들과 예수님께 주어진 것이자 그들을 통해 주신 것이다. 예수님은 그 자신이 계시이자, 하나님의 계시의 정점이다.

고전적 토대론古典的土臺論 classical foundationalism 근대 초기 철학에서 *계몽주의에 이르기까지 지배적이었던 인식론의 유형. 토대론의 한 형태인 이 유형의 인식론은 *믿음들이 기초 믿음 또는 토대 믿음에 근거하여야 한다고 주장한다. 그러나 고전적 토대론은 토대 믿음이 아주 확실해야 한다는 주장을 담고 있다는 점에서, *개혁주의 인식론에서 주장하는 바와 같은 오류 가능한 인식론들과는 구별된다. *합리론적 형태의 토대론은 토대 믿음이 자명하게 참이어야 한다고 주장한다. *경험론자들은 명제들이 필요한 만큼 확실성을 가지고서 감각에 분명하게 나타난다는 이유로 '수정 불가능한' 명제를 받아들인다. 오늘날 많은 철학자들은 고전적 토대론의 이상이 이루어질 수 없음을 확신한다. 그리고 그 결과 *회의주의

자가 되거나 아니면 다른 어떤 대안적인 인식론, 예를 들어 비토대
론적인 *정합론이나, 오류 가능한 형태의 토대론을 받아들여야 한
다고 생각한다.

고통苦痛 pain 극도로 불편한 느낌. 신학적으로 고통은 *악의 문제
의 한 원인이다. 왜냐하면 몇몇 회의주의자들은 *선하신 *하나님
이시라면 세상에 고통을 허용하실 리가 없다고 보기 때문이다(또
는 적어도 그렇게 큰 고통을 허용하실 리가 없다). 동물들의 고통
은 *신정론에서 특히 어려운 문제이다. 인간이 *자유 의지를 오용
한 데서 고통이 야기되었다는 논증으로는 동물의 고통이 정당화될
수 없기 때문이다.

공동체주의共同體主義 communitarianism 정치 철학의 한 형태로, 그
유래는 G. W. F. *헤겔까지 거슬러 올라갈 수 있다. 공동체주의는
개인의 권리가 사회의 토대가 된다고 여기는 자유주의적 관점을
거부하며, 그 대신 개인을 집단을 구성하는 일원으로 보는 관점을
취한다. 그러므로 공동체주의자들은 강한 공동체와 사회 제도를
조성하는 데 관심을 기울인다. 그리고 이러한 사회 제도 그 자체가
권리와 책무를 지닐 수 있으며, 또한 사회 제도가 개인의 권리와
책무를 창출한다고 믿는다.

공리주의功利主義 utilitarianism 제러미 벤담Jeremy Bentham, 1748-1832
과 존 스튜어트 밀John Stuart Mill, 1806-1873과 같은 사상가들이 주장
한, 최대 다수에게 최대의 선을 초래하는 것에 의해 도덕적 올바름
이 결정된다는 윤리학 이론. (**참조**. *선, *윤리학) 전통적인 공리주
의자들은 최대의 선을 *행복과 동일시한다. 그리고 행복을 *고통
의 부재와 쾌락의 측면에서 정의한다. 반면 '이상적' 공리주의자들
ideal utilitarians은 쾌락 외에 다른 선들도 편익 계산에 포함시키려 한
다. 동물의 쾌락과 고통에도 (경우에 따라 인간과 동일한) 굉장한
도덕적 무게가 있다고 논증하는 수많은 동물권 옹호론자들은 전통
적인 견해를 고수한다. 행위 공리주의자들Act utilitarians은 개별 행동
의 결과에 따라 도덕적 올바름이 결정된다고 주장한다. 반면 규칙

공리주의자들rule utilitarians은 *도덕이 규칙이나 원칙을 따르는지 여부에 관한 문제라고 주장한다. 그리고 올바른 원칙이란 그것을 따르면 최대 다수의 최대의 선으로 이어지는 원리들로 구성된다고 주장한다. **참조.** *결과주의.

과정 신학過程神學 process theology 알프레드 노스 *화이트헤드와 찰스 하트숀Charles Hartshorne, 1897-2000의 철학적 사상에서 영감을 얻은 신학적 접근법. 슈베르트 오그덴Schubert M. Ogden, 1928-도 과정 신학의 주요 지지자 중 한 명이다. 과정 신학은 *불변성 및 *초월성과 같은 하나님에 대한 고전 유신론의 묘사를 거부한다. 그 대신 하나님은 피조 세계와 더불어, 그리고 피조 세계와 관계하시며, 어느 정도 진화하고 계신다고 주장한다. 이러한 맥락에서 *악의 문제는 다른 방식으로 이해된다. 과정 신학자들은 자연 질서가 필연적으로 무로부터의 창조여야 한다고 생각하지 않기 때문에, 악은 부분적으로는 그러한 질서에 저항하는 본성에서 비롯된 것일 수 있다. 하나님은 자신의 피조물이 *선을 향하도록 설득하신다. 과정 신학과 하나님의 *예지라는 고전적 교리에 문제를 제기하는 *열린 유신론은, 양자 간에 유사성이 있기는 하지만, 서로 구별되어야 한다.

과학科學 science #학문 지식에 대한 체계적이며 경험 기반적인 탐구로, 지식을 뜻하는 라틴어 *scientia*에서 유래함. 어떤 특정한 유형의 실재에 초점을 맞춘 특수한 분야 또한 과학이라고 부른다. 따라서 흔히 과학이라 함은 자연 과학(생물학, 화학, 물리학, 지질학)을 뜻하기도 하고, 사회 과학 또는 인문 과학(경제학, 사회학, 정치학, 심리학, 인류학)을 뜻하기도 한다. 독일을 비롯한 유럽의 곳곳에서는 과학에 상응하는 용어(예컨대 독일어 Wissenschaft)가 더 넓은 의미로 사용되어, 철학이나 문학 비평과 같은 분야를 비롯하여 모든 체계적인 형식의 학문적 탐구를 가리킨다. 17세기 이래로 종교적 믿음에 대한 많은 논의들은 과학과 종교적 믿음 사이의 추정된 긴장과 진정한 긴장에 초점이 맞춰져 있다. 특히 19세기 말과 20세기에는 생물학에서 *진화론이 이러한 긴장의 발화점이 되었다.

과학주의科學主義 scientism #과학만능주의 *과학적 지식, 특히 자연 과학에서 도출된 지식이 최고라는 확신, 또는 과학적 지식만이 유일한 *지식의 형태라는 확신. 따라서 과학주의는 도덕, 미학, 종교적 경험과 같은 영역에서 궁극적 지식이 도출될 가능성을 비하한다. 그리고 전형적으로 *특별 *계시로부터 진리가 도출될 수 있다는 생각을 거부한다.

관념론觀念論 idealism #이상주의 철학에서 마음이나 관념〔이데아〕을 궁극적인 실재로 여기는 사상 체계. 종종 물리적 세계의 실재가 물질적임을 완전히 부인하거나, 물리적 실재의 위상을 더 낮은 것으로 여기기도 한다. 대표적인 예로, 조지 *버클리의 현상론 phenomenalism, G. W. F. *헤겔의 정신 철학, 실재에 대한 플라톤의 위계적 견해가 있다. 버클리의 현상론은 물질적 대상을 정신 감각의 모음으로 본다. 헤겔의 정신 철학은 실재 전체를 절대 정신이 나타난 것으로 본다. 플라톤의 위계적 견해는 형상 또는 이데아를 궁극의 실재로 보고, 물질적 대상을 이데아 세계의 '모방'〔모사〕으로 이루어진 덜 실제적인 것으로 본다. 보통 비철학적 문맥에서는 높은 이상을 지닌 운동을 이상주의idealism라고 말한다. 이러한 운동은 세계를 개선하는데 전념하며, 또한 그러한 개선이 가능하다고 믿는다.

관용寬容 tolerance 현대 서구 사회에서 가장 중요한 *덕 중 하나로 간주되는 특성. 관용은 종종 다른 견해에 대한 비판을 거부하는 또는 실제적인 가치 판단을 거부하는 상대주의적 입장과 혼동되고 있다. (**참조.** *상대주의) 그러나 관용은 강한 의견 충돌 및 심지어 거절하는 태도와도 논리적으로 일관된 것이다. (사람들이 자기 생각을 고수하는 것이 허용되어야 한다고 생각하는 점에서) "내가 관용하는 견해들이 있지만, 나는 그러한 견해들이 잘못된 것 또는 해로운 것이라고 생각한다." 관용은 또한 존경〔존중〕과도 이따금 혼동되고 있지만, 이 두 태도는 구별된다. "나는 헌신된 정치적 반역자의 행동은 관용하지 않더라도 그를 존경할 수 있다. 나는 내가 존경하지 않는 사람들을 관용할 수 있다."

광장廣場 public square 민주 국가의 시민들이 공통의 관심사에 관한 문제를 토론하고 결정하는 '공간'을 지칭하는 은유적 방식. 다원적인 민주 국가의 광장에서의 종교의 자리에 관한 수많은 논의가 있다. 리처드 *로티와 같은 *포스트모던 사상가들과 마찬가지로 고전적 자유주의자들은 종교가 광장에서의 정당한 행동을 위한 근거를 제시할 수 없으며, 대화를 막고 불화를 유발한다고 논증한다. 수많은 종교인들은 이러한 논증을 거부하며 주장하기를, 이른바 *자유주의의 '중립적인' 관점은 실제로는 위장된 자연주의적 관점에 불과하다. 이러한 견해에 따르면, 광장에서의 논쟁은 궁극적인 헌신 및 *세계관에 대한 물음과 분리될 수 없다. 따라서 종교적 신념은 다원주의 민주 국가에서 적극적으로 공공의 기능을 수행할 수 있다. 더 극단적인 입장에서는 광장이 구체적인 종교적 헌신—논리적으로, 일정한 종교적 형태로 이어지는 견해—에 근거하여야 한다고 주장한다.

교도권教導權 magisterium 로마 가톨릭 교회에서 가르치는 권한. 교도직은 교황의 권위 아래 있는 교회의 주교들로 구성된다. 가톨릭에서는 간혹 확실한 교도권이 없다는 점이 개신교의 약점이라고 주장한다.

교의教義 dogma 교회의 교리 또는 가르침. 로마 가톨릭과 정교회 신학자들은 교회에서 공식적으로 수용된 중심 교리를 교의로 여기고, 그저 신학자들이 주장하는 교리에 대해서는 교의라고 하지 않는다.

구속救贖 redemption 그리스도의 구원 사역을 이해하기 위해 신약 성서에서 사용된—그 결과 교회에서 사용된—이미지 또는 은유 중 하나. 이 이미지는 몸값(속전)을 지불함으로써 노예가 자유롭게 될 수 있는 고대의 노예 제도에서 가져온 것이다. 어떤 면에서 신약 성서는 예수의 삶과 죽음, 그리고 부활을 *죄를 속량하심으로써 죄에 대한 속박으로부터 인간을 해방시키는 것으로 본다. **참조.** *구원, *속죄.

구원救援 salvation 예수님의 삶과 죽음과 부활을 통해서, 인간 존재를 *죄와 마귀의 권세로부터 구하시는 하나님의 사역을 일컫는 그리스도교의 용어. 넓은 의미에서의 구원은 하나님께서 창조 질서 전체를 그 의도하신 목적에 맞게 회복하심을 의미한다. **참조.** *구속, *속죄, *회심.

구조주의構造主義 structuralism 언어학과 프랑스 철학에서 기원하였으며, 상징의 의미가 한 체계 안의 다른 상징들과의 관계에서 결정된다는 방식을 강조하는 다수의 학문 분야에 걸친 운동. 구조주의자들은 언어 및 (종교적 의식을 비롯한) 그 밖의 인간의 활동이 저변에 있는 보편 구조를 반영하고 있으며, 이는 종종 신화에서 나타난다고 보았다. **참조.** *기호, *포스트모더니즘.

권위權威 authority 복종하거나 존경할 만한 것. 권위에는 매우 여러 종류가 있으며, 몇몇 더 중요한 종류의 권위로는 도덕적 권위, 정치적 권위, 종교적 권위가 있다. 그리스도교나 이슬람교와 같이 *특별 *계시에 기초를 둔 종교는 그 계시가 지닌 권위에 근거하여 온전히 세워지기도 하고 넘어지기도 한다. 그리스도인들은 종종 권위의 중심에 대한 강한 의견 불일치를 보여 왔다. 개신교도들은 오직 성경(*솔라 스크립투라*sola Scriptura*)의 권위만을 단언하고, 가톨릭이나 정교회 그리스도인들은 교회와 교회의 역사적 *전통에 더 무게를 둔다. 또한 유효한 권위를 공인하는 기준, 그리고 권위와 *이성의 관계를 중심으로 한 논쟁들이 있다. 토마스 *아퀴나스는 주장하기를, 이성은 권위 있는 계시의 내용을 증명할 수는 없지만 *기적과 같은 증거에 의해 참으로 하나님께로부터 나온 것이라고 주장되는 계시의 신빙성을 검토할 수는 있다.

귀납 추론歸納推論 inductive reasoning 엄밀한 의미에서, 일반화의 내용이 되는 사례들을 기반으로 일반화하는 추론 방식. 이에 대해 다음과 같은 예를 들 수 있을 것이다. "이 백조는 하얗다. 그 옆에 백조도 하얗다. 그 옆에 백조도 그렇다. 따라서 백조들은 하얗다." 논증의 전제들이 필연적으로 결론을 함축하는 수학적 귀납법을 제외

하면, 귀납 논증은 확실성에까지 이어지지는 않는다. 더 넓은 의미에서, 귀납 추론은 전제들이 결론을 논리적으로 수반하지 않는 모든 형태의 추론을 말한다(다른 말로 하면, 연역 추리가 아닌 모든 형태의 추론). 결과로부터 원인을 추리하는 것, 원인으로부터 결과를 추리하는 것, 그리고 일반적인 확률적 추론은 모두 귀납 논증이다. 참조. *연역 논증.

귀신鬼神 *악령을 보라.

그노시스주의-主義 *영지주의를 보라.

그리스도론-論 Christology #기독론 그리스도교 *신학의 한 분과로, '그리스도'the Christ로 알려진 나사렛 예수의 정체성과 본성을 명확히 하려는 시도이다. 그리스도는 히브리어 메시아에 상응하는 그리스어로 '기름부음 받은 자'라는 의미이다. 정통 그리스도교 안에서 그리스도론은 "어떻게 예수가 하나님이면서 사람일 수 있는가" 하는 점에 대한 이해 및 예수의 삶·죽음·부활의 의미에 중점을 둔다. 참조. *성육신.

근대주의近代主義 *모더니즘을 보라.

근본주의根本主義 fundamentalism 원래는 그리스도교 믿음의 근본 원칙, 특별히 그리스도의 신성과 같은 것을 고수하는 저명한 신학자들이 쓴 일군의 책과 관련된 20세기 초의 운동을 지칭하기 위해 쓰인 용어. 시간이 지남에 따라 이 용어는 더 넓은 의미를 갖게 되었는데, 모든 전통 보수적 그리스도교의 형태와 관련 있게 되었다. 심지어 '이슬람 근본주의자'와 같이 다른 종교의 전통 보수적 형태에도 사용된다. 이렇게 넓은 의미로 사용될 때는 대개 반지성주의적인 함축을 담아서 경멸조로 사용된다. 결과적으로 보수 그리스도인들은 종종 자신들의 견해를 다음과 같이 근본주의적 견해와 구분하기를 원한다. "나는 복음주의자(또는 '전통 그리스도인' 또는 '신복음주의자')이지, 근본주의자가 아닙니다."

기능주의機能主義 functionalism 정신 상태가 그 안에 내재한 질적인 것에 의해 정의되는 것이 아니라, 다른 상태와의 관계 특히 인과

기도   18

관계에 의해 정의된다는 견해. 이로써 기능주의자들은 정신 상태를 영적 사건으로 보는 이원론적 정의도 아닌, 두뇌 작용으로 보는 유물론적 정의도 아닌, 단순히 유기체의 생활 속에서 특정 기능적 역할을 수행하는 상태라고 말할 것이다. 정신 상태란, 환경으로부터 받은 특정 자극들inputs에 의해 야기되며, 그 결과 특정 행동들을 야기하고, 또한 다른 내적 상태와 특정한 관계에 있는 것이다. (마지막에 언급한 관계가 기능주의를 *행동주의와 구별해 주는 한 요소이다.) 기능주의자는 이론상 이원론자가 되어도 무방하지만, 그러나 실제로 대부분의 기능주의자들은 인간의 마음에 대해 물리주의적 입장에 서있다. 즉, 물리적 상태가 기능적 역할을 설명하기에 충분하다고 믿는다. **참조.** *이원론.

기도祈禱 prayer 하나님과의 소통 또는 (몇몇 전통에서는) 초자연적인 존재나 죽은 영혼과의 소통. 유화宥和; propitiation, 찬미, 감사를 비롯하여 기도에는 여러 형태가 있지만, 기도에 관한 대부분의 철학적 논의들은 청원 기도—사람이 하나님께 어떤 구체적인 좋은 것을 요청하는 기도—에서 제기되는 문제에 초점이 맞춰져 있다. 이 문제는 다음과 같은 물음들을 포함한다. 그러한 기도가 세계 안에서 하나님의 특별한 *행동(오해의 여지가 있지만 간혹 '개입'으로 불리는 것)을 요청하는 것인가? *전지하시고 완벽히 *선하신 하나님이 인간의 기도에 영향을 받으실 수 있는가? 이러한 물음들에 답하려면, 왜 선하신 하나님이 자신의 목적을 추구하시기 위해 인간의 자유로운 행동을 사용하길 원하시는지에 대해 사유하는 작업이 필요하다.

기적奇蹟 miracle 하나님의 특별한 행동에 의해 야기된 사건. 이러한 최소한의 정의를 넘어서는 설명을 하면 의견 차이가 커진다. 몇몇 사상가들은 기적이 자연 법칙의 예외를 수반해야 한다거나 혹은 (아마 그 대신에) 자연적인 것에 내재된 힘이나 능력을 넘어서는 어떤 사건을 수반해야 한다고 논증한다. 다른 이들은 기적이 하나님에 대한 어떤 것이나 하나님의 목적을 보여주는 표지로서, 주로 기적의 계시적인 힘을 통해 인지 가능하기에, 그러한 사건이 과학적으로 설명할 수 없는 것이어야 하는 것은 아니라고 주장한다. 기적에 대한 데이비드 *흄의 유명한 공격 때문에, 기적의 가능성과 기적에 대한 믿음에 요구되는 증거의 종류가 논쟁의 대상이 되었다. 전통적으로 *변증가들은 기적을 하나님이 보내신 선지자나 사도라는 것을 확증 또는 증명해 줄 중요한 것으로 보았다. **참조**. *하나님의 행동.

기초주의基礎主義 *토대론을 보라.

기호記號 sign 정보, 특히 그것 자체〔기호〕 너머의 무언가에 대한 정보를 담고 있는 독립체. 기호학 내지 기호 이론은 다음과 같은 세 가지 연구 영역을 포함한다. (1) 기호들 간의 상호 관계를 살피는 구문론〔통사론〕syntax. (2) 기호와 그 기호가 나타내는 것 사이의 관계를 살피는 의미론semantics. (3) 기호들이 사용되는 방식을 살피는 화용론pragmatics. 폴 *틸리히의 신학에서 기호는 상징과 (약간 색다르게) 구별된다. 즉, 상징은 상징이 의미하는 것에 참여한다거나, 또는 그것이 의미하는 것과 어떤 내적인 관계를 갖는다고 말해질 수 있다.

ㄴ

나-너 관계-關係 I-thou relationship 서로에게 완전히 인격적인 방식〔온 존재를 기울인 방식(표재명, 『나와 너』, 문예출판사)〕으로 관계하는 인격체● 사이에서 가능한 특별한 관계를 나타내는 마르틴 *부버의 용어. 이는 타인을 다루어지는 대상으로 또는 목적을 위한 수단으로 생각하는 관계가 아니다. 부버는 이러한 관계들이 타자에 대한 다른 종류의 지식을 만들 수 있다고 믿었다. 그리고 절대적인 당신인 하나님과 그러한 나-너 관계를 갖는 것이 가능하다고 믿었다.

● 여기서 인격체는 비단 인간이나 신뿐만 아니라, 동물, 식물 등에도 적용될 수 있다. 이때 발생하는 상호성의 문제를 『나와 너』의 저자 후기에서 다루고 있다.

낭만주의浪漫主義 Romanticism *계몽주의적 *합리주의에 대한 반발로, 본연의spontaneous 감정과 개인의 자유를 강조하는 18세기 후반과 19세기 초반에 일어난 철학적, 문학적 운동. *신학에서 낭만주의는 프리드리히 *슐라이어마허에게 중요한 영향을 미쳤다.

내기 논증賭博論證 wager argument 하나님이 존재한다는 결정적인 증거가 없더라도, 불신자들이 하나님에 대한 *신앙을 전개해 보기를 권하는, 블레즈 *파스칼이 개발한 논증. 파스칼은 하나님께 대한 믿음 및 불신을 내기에 비교하며, 각각의 판돈〔믿음과 불신〕을 통해 잠재적으로 얻을 이익을 지적하였다. 어떤 사람이 하나님에 대한 믿음에 내기를 걸었는데 틀렸다고 판명된 경우, 그 사람은 이 생에서 어떤 죄를 지으며 얻을 지도 모르는 쥐꼬리만한 쾌락만 잃게 될 뿐이다. 그러나 만약 어떤 사람이 하나님에 대한 믿음에 내기를 걸었는데 그게 맞았다고 판명된 경우라면, 그 사람은 영원한 복을 얻을 상황에 있는 것이다. 그러므로 잠재적으로 얻는 것과 잃는 것은 압도적으로 차이가 난다. 그래서 파스칼은 불신자들이 기도하고, 미사에 참석하며, 그 밖에 신앙을 증진시키는 데 필요한 것이라면 무엇이든 하라고 권하였다.

내생來生, **내세**來世 afterlife *죽음 이후의 삶을 보라.

노장사상老莊思想 *도가를 보라.

논리 실증주의論理實證主義 logical positivism 제1차 세계대전 이후 오스트리아의 철학자들로 구성된 비엔나 서클Vienna Circle에서 생겨난 철학적 운동. 논리 실증주의에는 19세기의 실증주의(콩트Auguste Comte, 1798-1857)에서 발견되는 *경험론에 대한 헌신과 버트런드 *러셀의 작업에서 발견되는 논리 분석의 형태가 결합되어 있다. 논리 실증주의는 *의미 검증 이론을 단언한다. 그것은 비분석 명제는 경험적으로 검증될 때에만 *인지적 의미를 갖는다는 주장이다. 논리 실증주의자들은 이 이론을 기반으로 형이상학적 명제와 신학적 명제가 무의미하다고 주장한다. 그리고 그들은 윤리적 명제가 단순히 표현으로서의 의미만을 갖는다고 분석하였다.

누미노제 numinous; numinose 루돌프 오토Rudolf Otto. 1869-1937가 『성
스러운 것』(Das Heilige)에서 논한 *종교적 경험의 한 측면. 오토는 전
형적으로 *유신론과 연관된 경험의 한 형태를 묘사하였다. 즉, 하
나님은 '전적 타자'—신비롭고, 어마어마하며, 황홀한 대상—로 경
험된다. 경험의 주체 쪽에서 볼 때, 하나님의 엄위하심과 거룩하심
은 경외감과 의존 관계, 심지어 두려움을 낳는다.

누적 사례 논증(증명)累積事例論證(證明) cumulative case arguments 신
존재 논증을 결정적인 논증 하나로만 구성하려 하는 것이 아니라,
오히려 대안적인 여러 가설들을 한데 묶어 모든 가능한 증거들을
고려하여 하나님의 존재를 더 잘 증명하려는 신 존재 논증. 또는
이러한 방식을 사용한 복합적 논증. 리처드 *스윈번이 보여준 바
와 같이, 수많은 논증들이 단 하나로는 결정적인 힘을 갖지 않는
다. 하지만 각각의 논증들이 약간씩 증거적 힘을 갖고 있기 때문
에, 누적 사례들은 하나님의 존재를 개연성 있게 주장해 준다.

뉴먼 추기경, 존 헨리-樞機卿- Newman, Cardinal John Henry (1801-1890)
잉글랜드의 신학자이자 종교 철학자이며 교회의 지도자. 청년 시
절 뉴먼은 옥스퍼드(또는 트랙트Tractarian) 운동의 지도자였다. 이
운동은 오늘날의 고교회 전통 또는 성공회 '가톨릭'주의Catholic
Anglicanism에 영감을 주었다. 그러나 1845년에 뉴먼은 로마 가톨릭
으로 개종하였으며, 나중에는 사제가 되었고, 마지막엔 추기경이
되었다. 그는 자신의 책『동의의 문법』(The Grammar of Assent)에서 종
종 인간의 생각 속에 나타나는 구체적인 경험을 감지하는 비형식
적 추론 유형을 묘사하였으며, 그것을 종교적 추론에 기본이 되는
것으로 보았다.

니체, 프리드리히 빌헬름 Nietzsche, Friedrich Wilhelm (1844-1900) 인
간의 사고가 관점주의적이며 '권력에의 의지'로 형성된다고 본 자
신의 급진적인 관점을 통해 자신을 추종하는 사상가들에게 깊은
영향력을 미쳐 온 독일의 철학자. 니체는 신의 죽음을 선언하였으
며, 그 결과의 일환으로 도덕률들이 인간의 창작물이라고 단언하

였다. 이전까지의 인간의 역사는 *도덕 속에서 '노예의 반란'을 보아 왔다. 그 속에서 선악에 관한 '집단 도덕'(유대교, 그리스도교, 사회주의)은 그보다 앞선 타고난 귀족의 일이었던 선악에 관한 '주인의 도덕'(호머식 그리스의 전사 문화)을 뒤엎어 왔다. 니체는 스스로 '초인'Overman: 독 Übermensch이 이제 선악의 저편에 가서 새로운 형식의 도덕을 창조할 것이라고 주장했다. 니체는 집단 도덕의 덕목들을 질투의 위장된 형태로 보았으며, 그러한 덕의 형태 속에서 약자들은 가난하고 온유한 이들이 복을 받을 것이라고 주장함으로써 강자들에 대한 자기들의 원한 감정을 표현하고 있다고 생각했다.

니힐리즘 *허무주의를 보라.

다섯 가지 길 Five Ways 라 Quinque viae ***아퀴나스** 참조.

다신론多神論 polytheism #다신교 하나 이상의 신 또는 신적인 존재를 믿거나 숭배하는 것. 수많은 *이교도들의 종교가 대개 다신교이다.

다원주의, 종교多元主義, 宗教 pluralism, religious 기술적인 의미에서는 수많은 대안적 종교 및 종교에 대한 다양한 관점으로 특징되는 상황. 이로부터 각 견해의 지지자들에게는 자신과 다른 견해에 대해 어떤 태도를 취해야 하는가 하는 문제가 수반된다. 이런 의미에서 현대 세계의 거의 모든 곳이 다원적임을 부인할 수 없다. 그러나 어떤 이들에게는 다원주의라는 용어가 규범적인 의미를 갖는다. 즉 그것은 이 다원성에 대한 지지와, 한 종교가 다른 종교보다 더 참되다든지 혹은 어떤 식으로든 더 우월하다는 관점의 거부를 함축한다. **참조.** *상대주의.

다윈주의-主義 Darwinism 찰스 다윈Charles Darwin, 1809-1882에게 기원을 둔 생물학적 생명체의 발전에 관한 이론으로, 생존을 위한 경쟁 및 번식과 관련하여 우연한 변이와 자연 선택이 진화적 발전의 메커니즘을 구성한다는 주장이다. 다윈주의는 잉글랜드와 북미에서 설계로부터의 논증의 인기를 급격히 감소시켰다. 많은 종교 사상가들은 하나님이 우주의 창조자시라는 관점과 다윈주의가 양립 가능하다고 여긴다. 자연 선택을 하나님이 사용하신 수단으로 보는 것이다. 그럼에도 불구하고, 무신론자들은 종종 다윈주의가 자신들의 *세계관을 강하게 뒷받침해 주고 있다고 여긴다. 이러한 무신론자들의 관점은 다수의 '창조 과학' 지지자들과 공유하는 관점이기도 하다. 창조 과학 옹호자들은 종의 기원에 대한 비다윈주의적 설명을 옹호한다. 오늘날 다윈주의 사상은 심리학과 사회학 같은 영역에도 영향을 미치고 있다. 다윈주의적 접근을 옹호하는 사람들은 인간 문화의 여러 양상을 (심지어 *윤리와 종교 같은 것들까지도) 자신들이 상정한 '번식에 있어 이점을 갖는다'는 측면에서 이해한다. **참조.** *진화론, *창조론.

다의적多義的 *애매한을 보라.

단순성單純性 simplicity 두 가지 의미가 있다. (1) 딱 떨어지는 표현은 아니지만, 과학 이론의 바람직한 모습으로 복잡성이 없음. (2) 별개의 부분이 없이 완전히 단일하다는 *하나님의 속성. 과학자들이 사실들과의 부합 정도가 동일한 다양한 이론들 중에서 단순성에 기초하여 어떤 이론을 선택하는 것은 과학 철학에서 널리 받아들여진 견해이다. 하지만 왜 단순성이 *진리의 기준이 되어야 하는지, 심지어 무엇을 단순성으로 여겨야 하는지에 대해서는 의견이 거의 일치하지 않는다. 단순성은 그 밖의 영역에서도 인식론적인 기준으로 사용된다. 예를 들어, 몇몇 신학자들은 하나님의 지식과 능력이 무한하다고 생각하는 것이 유한한(그리고 임의적인) 양적인 속성으로 생각하는 것보다 더 단순하기 때문에 더 좋다고 논증한다. 신학에서 하나님의 단순성은 하나님의 존재와 본질 사이에서, 하나님의 의지와 지성 사이에서, 사실 하나님의 모든 속성들 사이에서 어떠한 구별도 끌어낼 수 없음을 함축하는 것처럼 보이

기 때문에, 단순성은 중세 신학자들이 하나님께 돌린 굉장히 신비
스러운 속성 중 하나이다.

단일신교單一神敎 henotheism #택일신교 #선택적 일신교 여러 신들이
존재한다고 생각하면서, 동시에 지상권supremacy 혹은 적어도 최고
의 충성을 하나의 신격(또는 '높은 신')에게 돌리는 종교적 관점.
참조. *다신론.

덕德 virtue 그 자체로 탁월하거나 *선한, 또는 선한 것으로 이어지
는 경향이 있는 기질 내지 *성품적 특성으로, 도덕적 덕은 인간의
번영을 촉진하는 탁월함이다. 고대와 중세 철학의 윤리적 사고는
덕—덕이란 무엇이며, 덕들이 어떻게 연관되어 있으며, 어떻게 덕
을 이룰 수 있는지—을 중심으로 형성되었다. 중세 사람들은 고대
세계의 주요 덕(지혜, 정의, 용기, 절제)을 받아들였으며, 거기에 그
리스도교의 으뜸가는 덕(믿음, 소망, 사랑)을 더하였다. 고대와 중
세 사상가들은 모두 인간의 번영으로 이어지는 덕에 대한 설명을
인간 본성에 대한 설명들과 묶어서 생각하였다. 최근의 윤리 이론
에서는 덕의 중요성을 재발견하여 덕 이론을 개발하고 있다. 그리
고 덕에 대한 개념들이 *윤리학의 기초이며, 이는 도덕적 의무에
관한 주장이나 인격과 무관한 가치로 환원될 수 없다고 주장한다.

데리다, 자크 Derrida, Jacques (1930-2004) 종종 *포스트모더니즘 또
는 포스트구조주의poststructuralism로 불리는 것의 중요한 줄기인 해
체론deconstructionism의 창시자로 여겨지는 프랑스 철학자. 데리다
는 모더니티[근대성]가 '현존의 형이상학'the metaphysics of presence 또
는 하이데거가 이름한 '존재-신론'onto-theology에 헌신하고 있다고
비판하였다. 해체는 그 자체로 *모더니즘의 이상과 그 현실 사이
에 있는 모순을 탐색하는 사유 방식을 촉진시킨다. 또한 저자가 의
도한 바와 텍스트가 실제 말하고 있는 것 사이의 모순을 찾는 읽기
방식을 촉진한다. **참조.** 구조주의.

데일리, 메리 Daly, Mary (1928-2010) 페미니스트 신학자로, 처음에
는 로마 가톨릭 신학자였으나, 『하나님 아버지를 넘어서』(*Beyond*

God the Father: 이화여자대학교출판부)에서 '탈-그리스도교적' 급진 페미니즘으로 입장을 변경했다. 그녀는 전통적인 *유신론은 남성이 지배적인 문화에 뿌리를 둔 가부장적이고, 위계적인 견해라고 주장했다. 참조. *가부장제/모권제, *젠더, *페미니즘.

데카르트, 르네 Descartes, René (1596-1650) 보통 근대 철학의 시조로 여겨지는 프랑스의 철학자이자 수학자. 데카르트는 합리론자이다. 그는 총체적이고 방법적인 *의심〔회의〕을 통해서 확실성을 얻으려고 시도한 것으로 유명하다. 그는 방법적 의심을 통해, 자신이 길을 걷고 있는 경험이 꿈인지 현실인지 분간되지 않을 가능성, 전능하고 천재적인 악마가 자신을 속일 가능성을 제기하였다. 명석판명한clear and distinct 관념을 진리의 기준으로 세운 이후, 그는 영혼-신체(또는 마음-몸)에 대한 *이원론을 옹호하였다. 그리고 수많은 신 존재 증거를 제시하였다. 참조. *자연의 빛, *합리론, *회의주의.

도가道家 Taoism 고대 중국에서 발전한 종교적● 철학적 *세계관. 도가라는 말은 '길'을 의미하는 한자 도道●●에서 유래한 것이다. 도가 사상가들은 우주의 근저에는 형이상학적·윤리적 구조가 있으며, 이를 이해하는 사람은 자신의 삶을 올바르게 정돈할 수 있다고 믿는다. 그러나 이러한 구조 또는 도는 *형언 불가하며道可道非常道, 따라서 이에 대한 우리의 지식은 명제적인 특성을 지니지 않는다. 가장 유명한 도가 철학자로는 노자老子; Lao-tzu, 춘추시대 추정와 장자莊子; Chuang-tzu, 369?-286?가 있다.

도덕道德 morality 옳고 그름, *선과 *악의 측면에서 인간의 행동을 이상적으로 지배해야 하는 규칙 체계. 거칠게 말하면, 도덕은 *윤리학과 동의어이다. 물론 어떤 이들은 윤리학이 더 넓은 범위를 갖는다고 여기고(예컨대 선한 삶의 본질에 대한 숙고를 포괄한다),

● 도교(道敎)는 신선 사상을 비롯하여 다른 종교적인 요소에 도가 사상을 혼합한 것으로 도가와 구별된다. ●● 도(道)는 길, 말(씀), 이치 등 여러 의미가 있으며, 도(덕)경에서도 여러 용례로 사용된다. 중국어 성경에서는 요한복음 1장의 *lógos*를 道로 번역하는데, 두 단어의 용례에는 유사점이 많다.

어떤 이들은 도덕이 (윤리학과는 달리) 도덕 규칙에 있어서 소위 '공적 이성'으로 불리는 것이 요구되는 독특한 특색을 지닌다고 생각한다. 여러 문화들 사이에서 그리고 어떤 문화 안에서 어떤 도덕 규칙들이 타당하고 구속력이 있는지에 대해 확연히 의견이 엇갈린다. 어떤 이들은 이러한 의견 불일치로부터, 도덕 자체는 상대적이며 객관적이지 않다고 결론을 내린다. (**참조.** *상대주의) 그러나 도덕의 내용에 대한 어떤 불일치는 객관적인 도덕적 기준이 존재한다는 점과 일관된다.●

도덕적 논증(증명)道德的論證(證明) moral arguments (for God's existence) 도덕 질서(또는 도덕적 의무와 같은 도덕 질서의 어떤 측면)의 근거로서, 또는 어떤 도덕적 사실의 설명으로서 하나님이 반드시 존재한다는 논증. 예를 들어, 어떤 이들은 도덕적 의무가 *법으로 구성되며, 그러한 법은 입법자를 요구한다고 논증한다. **참조.** *신 존재 논증.

도박 논증賭博論證 *내기 논증을 보라.

도이여베르트, 헤르만 Dooyeweerd, Herman (1894-1977) 네덜란드의 철학자이자 법학자로, 그의 신학적 사고는 네덜란드 개혁주의 신학인 아브라함 카이퍼에게서 영감을 받았다. 동료인 폴렌호븐Dirk Vollenhoven, 1982-1978과 협력하여 전개한 도여베르트의 철학은 종종 '법이념 철학'the philosophy of the law-idea; 네 de wijsbegeerte der wetsidee으로 불린다. 도이여베르트는 철학들에 저마다의 관점, 즉 마음 속 근본적인 종교적 태도에 의해 형성된 관점이 있다고 보았다. 또한 그는 *창조 질서의 다양한 영역 속에서 하나님의 *주권을 인정하는 독특한 그리스도교적 철학을 세우려고 하였다.

동일성, 개인의同一性, 個人- *정체성, 개인의를 보라.

동질 논증同質論證 parity arguments 한 견해에 대한 비판이 어떤 다른 견해에도 동등하게 적용됨을 보여 주는 논증의 한 형태. 원래의 비판이 불편할 때 자주 사용된다. *종교 철학에서 동질 논증은 종교적

● 철학에서 일관성이란 둘 이상의 명제가 동시에 참일 수 있음을 말하는 것이지, 한결같다거나 혹은 서로 논리적으로 연결되어 있음을 의미하는 것은 아니다.

*믿음에 대한 비판이 실제로는 부적절한 *인식론에 뿌리를 두고 있음을 보이는 데 효과적으로 자주 사용된다. 예를 들어, 변증가는 하나님을 합리적으로 믿을 수 없다는 논증이 어떻게 타인의 정신을 믿는 것 또한 불합리적이라는 주장을 함축하고 있는지를 보여주려고 노력할 수 있을 것이다. 알빈 *플란팅가가 『신과 타자의 정신들』(God and Other Minds: 살림)에서 보여주었던 것처럼 말이다. 사실 동질 논증은 다음의 격언을 적용한 것이다. "암거위 고기용 소스는 또한 숫거위 고기용 소스이다"〔A에게 적용되는 것은 B에게도 적용된다〕.

둔스 스코투스, 요하네스 Duns Scotus, John 라 Johannes (1265?-1308) 스코틀랜드의 철학자이자 신학자로, *스콜라 철학의 주요 인물 중 한 명이다. 스코투스는 프란치스코회에 들어갔으며, 옥스퍼드와 파리, 쾰른에서 가르쳤다. 그는 '현묘 박사'玄妙博士; subtle doctor로 불렸다. 스코투스는 *아우구스티누스의 통찰과 *아리스토텔레스의 전통에 있는 새로운 사상을 종합하였다. 그의 몇몇 주장은 아주 잘 알려져 있다. 하나는 하나님께서 개별자들 각각의 본질('이것임'haecceities)을 창조하셨다는 그의 신념이다. 또 하나는 *윤리학의 정초를 구성하는 것으로서 *신 명령 또는 계율의 역할을 옹호했다는 점이다. 그리고 그는 인간의 의지에 두 가지 자연적 동기가 있다고 가르쳤다. 하나는 '이익의 성향'이며, 다른 하나는 '정의의 성향'이다.

뒤르켐, 에밀 Durkheim, Émile (1858-1917) 프랑스의 사회 과학자로, 근대 경험적 사회학의 창시자 중 한 명이며, 또한 종교 사회학의 개척자이다. 뒤르켐은 종교에(그리고 그 밖의 사회 영역에) 대한 자연주의적이고 기능주의적인 접근법을 개발하였다. 그는 종교적 믿음과 예배 의식이 구성원을 하나로 묶는 상징들을 제공한다고 보았다. 그 상징들은 집단의 핵심 가치를 대표하는 것이다. 종종 나오는 뒤르켐의 종교 이론에 대한 비판 중 하나는 다음과 같은 것이다. 그의 이론은 세계의 위대한 종교들의 보편적 측면, 즉 개별적인 집단의 가치를 초월하는 것으로 보이는 측면을 포착한 것으로 보이지는 않는다는 점이다.

듀이, 존 Dewey, John (1859-1952) 미국 *실용주의의 선도자 중 한 명
으로, 민주적 자유주의democratic liberalism와 교육 개혁을 주장하였다.
듀이는 자신의 동료 실용주의자인 윌리엄 *제임스와는 달리 철학
적으로 *자연주의자였으며, *종교적 경험이나 *죽음 이후의 삶이
가능한지에 대해 별로 관심이 없었다. 그는 자신의 책『민중의 신
앙』(Common Faith: 한양대학교출판원)에서 종교적 *신앙의 한 형태를 개발
하려고 하였다(혹은 그러한 신앙의 후계자였다). 그것은 자연 질서
에 대한 숭배, 인간의 잠재력, 이상적 민주주의와 관련된 것이다.

라이프니츠, 고트프리트 Leibniz, Gottfried (1646-1716) 실재가 모나
드〔단자〕monads로 구성되어 있다고 가르친 독일의 합리론 철학자.
모나드는 공간을 점유하지 않은 단순한 실체이다. 하나님은 최고
의 모나드이시며 다른 모든 모나드들을 창조하시고 보존하신다.
모나드는 실제로는 서로 상호 작용하는 게 아니지만, 하나님께서
미리 정하신 '예정 조화'pre-established harmony에 기인하여 서로 상호
작용하는 것처럼 보인다. 라이프니츠는 하나님께서 모든 가능 세
계를 창조하실 수 있다고 주장한다. 그리고 하나님은 완전하시기
때문에, 현실 세계는 분명 최고의 가능 세계라고 결론 내린다. 또
한 그는 논리학에 많은 기여를 했고, 뉴턴Isaac Newton, 1642-1727과 동
시에 미적분학을 발명하였다. **참조.** *합리론.

러셀, 버트런드 Russell, Bertrand (1872-1970) 영국의 논리학자이자
사회적 대의의 지지자이며, *분석 철학을 수립한 창시자 중 한 명.
알프레드 노스 *화이트헤드와 함께『수학 원리』(Principia Mathematica)
를 썼다. 이 책은 수학 전체가 논리학으로부터 유도될 수 있음을 보
이려는 시도이다. 러셀은 자주 자신의 철학적 입장을 바꾸었지만,
그 와중에도 *실재론적 형태의 입장은 계속 고수하여, *과학을 인간

*지식의 모범으로 여기고 종교와 전통적인 성도덕을 거부하였다.

레비나스, 에마뉘엘 Levinas, Emmanuel (1906-1995) 리투아니아에서 태어났지만 프랑스에서 활동한 유대인 철학자. 레비나스는 윤리학이 이론보다는 '타인의 시선'에 대한 직접적인 경험에 근거한 것이라고 주장함으로써, *윤리학을 '제일 철학'이라고 강조한 것으로 유명하다. 레비나스는 참된 종교가 이와 같은 타인과의 만남에서 자라나며, 여기에서 우리는 대상으로 간주될 수 없는 하나님을 발견한다고 가르쳤다.

레싱, 고트홀트 Lessing, Gotthold (1729-1781) 종교와 종교적 *진리에 관한 역사적 이해를 개발한 독일의 철학자이자 문학가이며 비평가. 레싱에게 있어 위대한 종교는 주로 인류의 윤리적 진보의 중간 기착지이며, 어떤 것도 절대적으로 참은 아니다. 레싱은 '영원한 이성의 진리'와 역사의 진리 사이에 '고약한 드넓은 틈'이 존재한다는 발상으로 유명하다. 그는 이러한 논리적 간극 때문에, 그리스도교에 대한 역사적 주장을 종교에서 요구하는 식의 확실한 것으로 받아들일 수 없다고 논증하였다. **참조.** *합리론.

로고스 *lógos* '말' 또는 '이성'을 뜻하는 그리스어로, 요한복음의 서곡prologue에도 다음과 같이 사용되었다. "태초에 말씀*lógos*이 계시니라." 이와 같이 로고스는 영원한 하나님의 아들, 즉 신적 *창조의 행위자이자 인간 존재를 '비추시는' 또는 깨닫게 하시는 분으로 이해된 *삼위일체의 제2위에 대한 용어이기도 하다. 많은 초대 교회 교부들이 그리스 *철학에 대한 긍정적인 태도를 정당화하는 데 이 개념을 사용하였다. 성경의 *계시가 없는 이들 안에서 그리스도께서 로고스로 활동하셨기 때문에, 그런 이들도 몇몇 진리에 이를 수 있다는 것이 그 근거였다.

로크, 존 Locke, John (1632-1704) *인식론에 있어서 *경험론을 옹호했고, 국가에 대해서는 사회계약설a social contract theory을 옹호한 잉글랜드의 철학자. 근대 철학의 창시자 중 한 명인 로크는 종교적 유혈 갈등을 해결하고 통제하기 위한 노력의 일환으로 경험주의적

인식론을 제안하였다. 그리고 자신의 *믿음에 대한 검증을 요구하고, 그러한 믿음을 주장함에 있어서 믿음의 근거가 되는 증거와 비례하는 만큼 그 믿음을 보장하려고 하는 윤리를 옹호했다. 로크는 자신의 인식론이 그가 '광신주의'로 불렀던 것을 제한함과 동시에 합리적 형태의 그리스도교를 뒷받침한다고 생각했다. 그는 정치사상에 있어, 국가가 시민과의 사회 계약에 기초한다는 생각을 강조했으며, 따라서 그러한 계약이 약화되면, 국가의 합법성이 상실된다고 생각했다. 이러한 생각은 미국 건국의 아버지들[헌법 제정자들]에게 영향을 미쳤다.

로티, 리처드 Rorty, Richard (1931-2007) 미국에서 포스트모던 철학의 주도적인 지지자. (**참조.** *포스트모더니즘) *분석 철학으로 훈련 받은 로티는 존 *듀이의 *실용주의를 지지하여, *토대론의 붕괴가 진리에 대한 전통적인 철학적 견해, 즉 진리가 실재의 정확한 표상이라는 견해의 거부로 이어질 것이라고 논증했다. 로티에 따르면, 철학자는 자신이 옹호하는 견해에 대해 자신의 언어적 관습과 선호 외에는 어떠한 토대도 인정하지 않는 아이러니한 관점을 취해야 한다. 또한 철학은 설득과 수사를 동반하는 노력으로, 문학과 날카롭게 구별될 수 없다.

루소, 장 자크 Rousseau, Jean Jacques (1712-1778) 정치 이론과 교육 이론에 어마어마한 영향을 미친 스위스에서 태어난 프랑스 철학자. 루소는 인간 개개인이 자연적으로는 선하나 교육과 사회의 영향으로 타락했다고 보았다. 그의 정치 이론은 개인의 자유를 강조하지만, 궁극적으로는 개인을 일반 의지에 종속시킨다. 일반 의지는 사회 구성원 개개인이 시민으로서 더불어 살기 위해 사회 계약을 통해 수립한 것이다. 루소의 생각은 프랑스 혁명에 영향을 미쳤고, *낭만주의의 형성과 발전을 거들었다.

루이스, C. S. Lewis, Clive Staples (1898-1963) 벨파스트에서 태어난 잉글랜드의 문학 비평가이자 소설가이며 그리스도교 변증가. 루이스의 철학적 *변증학은 대중성이 있고 평이하기 때문에, 그의 작

품이 지적 깊이가 얕을 거라는 착각을 준다. 그의 책『순전한 기독
교』(Mere Christianity; 홍성사)는 아마 20세기의 그리스도교 변증 중 가
장 성공한 작품일 것이다. 그리고『나니아 연대기』(The Chronicles of
Narnia: 시공주니어)는 매력적이고 공상이 넘치는 신학적 통찰이 멋지
게 혼합되어 있어서 아이들과 어른들 모두에게 사랑받고 있다. 루
이스는『고통의 문제』(The Problem of Pain: 홍성사)에서 *악의 문제와 씨
름하고,『기적』(Miracles: 홍성사)에서 초자연적인 것과 씨름한다.『인
간 폐지』(The Abolition of Man: 홍성사)는 우리가 인간 본성을 이해함에
있어 감정과 객관적인 도덕 진리가 중요하다는 점에 초점을 맞춘
다. **참조.** *순전한 기독교.

루터, 마르틴 Luther, Martin (1483-1546) 개신교 종교개혁의 시조인
독일의 신학자. 복음에 대한 루터의 이해의 중심에는 구원이 *신
앙을 통해 파악되는 자유로운 *은혜의 역사라는 강조점이 있다.
루터에 따르면, 사람은 자신이 가지고 있을지 모르는 어떤 공로 때
문에 구원받는 것이 아니다. 다만 하나님에 의해 그리스도의 사역
이 그들에게 전가되어 구원받는 것이다.

리드, 토머스 Reid, Thomas (1710-1796) 일반적으로 스코틀랜드 실
재론 내지 *상식 철학 학파의 설립자로 여겨지는 스코틀랜드의 철
학자. 리드는 데이비드 *흄의 철학을 르네 *데카르트와 존 *로크에
게서 시작된 관념 또는 정신적 표상에 관한 이론의 결과로 해석하
였다. 그는 감각이 지각의 직접적인 대상은 아니지만 대상은 감각
을 통해 우리에게 직접적으로 나타난다는 *실재론의 한 형태를 개
발했다. 그의 사상은 *개혁주의 인식론에 큰 영향을 미쳐 왔다. 리
드는 인간의 능력faculties의 신뢰성에 관한 *합리적인 증거를 주장
하지 않으면서도 인간의 능력(이성, 지각, 기억, 증언)을 신뢰하는
태도에서 출발하는 것이 필요하다는 점을 강조하였다.

리쾨르, 폴 Ricœur, Paul (1913-2005) 파리대학과 시카고대학교 신학
대학원에서 가르친 프랑스의 개신교 철학자. 리쾨르는 철학적 *해
석학의 주도적인 인물 중 한 명이다. 그의 해석학은 생생한 경험

묘사를 강조하는 에드문트 *후설의 *현상학적 방법론에 뿌리를 두고 있다. 리쾨르는 지그문트 *프로이트, 칼 *마르크스, 프리드리히 *니체로 대표되는 '혐의의 해석학'의 필요성을 강조하면서도, 의심을 넘어서는 '이차적 소박함'second naïveté의 가능성을 드러내었다. 리쾨르는 '악의 상징'과 *종교 철학에 더하여 문학 철학과 행동 철학을 연구했다.

마니교摩尼教 Manichaeism 자신을 조로아스터Zoroaster: 그 Zōroastrēs: 압 Zarathuštra, 630?-553? BC와 예수에 이은 선지자로 본 마니Mani, 216?-276가 개발한 종교적 견해. 마니교는 로마 제국 후기에 그리스도교와 경쟁하였다. 그리고 다름 아닌 성 *아우구스티누스가 그리스도교로 오는 여정에서 마니교를 거쳤다. 마니교는 이원론적 *존재론으로 특징지어 진다. 그것은 순수 영적인 세계 및 빛과 긴장 상태에 있는 물질과 물리적 세계를 악하다고 본다. 인간이 할 일은 금욕적인 실천을 통해 물리적 세계로부터 자유를 얻는 것이다. **참조.** *이원론.

마르셀, 가브리엘-오노레 Marcel, Gabriel-Honoré (1889-1973) 장-폴 *사르트르의 *무신론적 실존주의와 대조되는 종교적 계열의 *실존주의를 대표하는 프랑스의 가톨릭 철학자이자 극작가. 마르셀은 철학에서 신비mystère(문제problème와 구별된다)의 역할을 강조하였다. 그는 인간의 실존을 여행으로 보았으며, 우리의 응답을 갈구하는 삶의 애매함들이 우리 자신의 고유한 인격을 드러낸다고 말했다. '창조적 성실성'fidélité créatrice은 다른 사람들과 하나님을 이해함에 있어 아주 중요한 응답을 의미하는 마르셀의 용어.

마르크스, 칼 Marx, Karl (1818-1883) #맑스 사회 철학 교육을 받았으며, 잉글랜드에서 인생의 많은 시간을 자신의 주요 작품인 『자본론』(Das Kapital: 비봉출판사)을 쓰는 데 보낸 독일의 혁명적 사상가. 마

르크스는 원래 G. W. F. *헤겔을 따르는 헤겔 좌파였다. 그러나 루
트비히 *포이어바흐를 따르면서 유물론자가 되었고, 경제적 계급
투쟁의 산물로서 역사적 분석에 헤겔의 변증법을 적용함으로써,
헤겔을 제자리에 돌려놓았다. 마르크스는 초기 작품에서 종교적
언어와 철학적 언어를 사용하였지만, 후기 작품에서는 경제 분석
으로 대체하였다. 프리드리히 엥겔스Friedrich Engels, 1820-1895와 함께
저술한 『공산당 선언』(Manifest der Kommunistischen Partei; 책세상)은 공산
주의의 전개에 중요한 문서이다.

마르크스주의-主義 Marxism 칼 *마르크스와 프리드리히 엥겔스가
창시한 혁명적인 철학 운동. 마르크스주의는 주어진 경제 체제를 특
징짓는 생산 수단에 의해 형성된 사회 계급 투쟁과 더불어 경제적
요인을 역사에서 결정적인 것으로 본다. 더 나아가 마르크스주의는
자본주의를 역사의 종말에 거의 근접한 것으로 본다. 왜냐하면 인간
이 필요로 하는 것을 제거하는 일이 처음으로 가능해질 정도로, 자
본주의 하에서 인간의 생산성이 매우 증가하고 있기 때문이다. 마르
크스는 자본주의가 무너질 것이라고 예측하였다. 왜냐하면 자본주
의는 무산 노동자 계급(프롤레타리아)이 계속 늘어나게 만들기 때문
이다. 부가 적은 수의 자본가들에게 집중되면서, 대중들의 구매력은
감소하고, 이에 따른 생산 과잉은 위기로 돌아올 것이다. 결국 노동
자들은 국가가 점진적으로 제거되는 프롤레타리아의 독재를 이루고
사회 계급이 사라지면서 자본주의 체제를 전복시킬 것이다. 아이러
니하게도 러시아나 중국 같이 마르크스주의에 헌신한 혁명 운동이
성공한 나라는 상대적으로 후진국이 되었다. 혁명 운동으로서의 공
산주의는 이제 더 이상 영향력이 없는 것으로 보이지만, 학계에서는
마르크스주의가 철학 이론으로서 여전히 영향력을 행사하고 있다.

마술魔術 magic 초자연적인 또는 비술적인 힘의 도움을 얻어내기
위해 고안된 수단을 통해서 목적을 달성하려는 시도. 전통적인 신
학자들은 청원 *기도는 마술이 아니라고 생각해 왔다. 왜냐하면
그러한 기도는 하나님을 통제와 조종의 대상으로 생각하는 것이

아니기 때문이다. 그러나 몇몇 현대 성서학자들은 이러한 구분이 대체로 정치적이라고 주장해 왔다. 그들은 말하기를, 종교 집단은 자신들이 탐탁찮게 여기는 종교적 실천에 '마술'이라는 딱지를 붙인다. 더 나아가 그들은 예수님의 *기적과 같은 것들을 종종 마술로 불리는 것들과 비슷한 것으로 이해해야 한다고 주장한다. 그러나 예수께서 기적을 행하실 때 보통 마술과 연관된 형태의 예식에 도움을 받지 않고 하셨다는 점을 주목해야 한다.

마이모니데스, 모세스 Maimonides, Moses 히 Mōšeh bēn-Maymōn (1135 -1204) 스페인에서 태어나 기독교로 개종하라는 강압을 피해 결국 카이로에 정착한 유대교 철학자. 마이모니데스는 세계가 영원하다는 *아리스토텔레스적 이론에 대항하여 성서의 *창조관을 옹호했다. 그와 동시에 하나님에 대한 성서의 언어가 매우 신인동형론적인 특징을 지닌다는 점을 인정하길 요구하는 *부정 신학을 변호했다.

만유재신론萬有在神論 *범재신론을 보라.

맑스, 칼 *마르크스, 칼을 보라.

맑시즘 *마르크스주의를 보라.

매킨타이어, 알래스데어 MacIntyre, Alasdair (1929-) 자신의 책 『덕의 상실』(*After Virtue*: 문예출판사)에서 *아리스토텔레스적 윤리학 이론을 옹호한 것으로 가장 널리 알려진 영미 철학자. 매킨타이어는 *윤리학에서 전통과 '실천'practices의 역할을 특히 강조하였다. 그는 윤리학에 대한 역사적 이해를 개발하였다. 그것은 (진리에 대한 어떤 관심을 상대적으로 놓치는) 역사주의적 이해가 아니라, 경쟁하는 전통들이 지닌 주장들을 판단하는 데 특별한 관심을 두는 것이다. 매킨타이어는 초기에 잠시 *마르크스주의에 관심을 두었다가, 그리스도교 신앙으로 돌아왔다.

메타 윤리학-倫理學 metaethics 근본적인 윤리 개념의 의미, 윤리적 주장의 정당화, 윤리적 존재의 형이상학적 위치에 초점을 맞춘 *윤리학의 한 분야. 메타 윤리학은 보통 규범 윤리학normative ethics

및 응용 윤리학applied ethics과 대조된다. 규범 윤리학은 무엇이 선하며 옳은지를 직접적으로 다루는 것이며, 응용 윤리학은 규범적 원리들을 의술이나 법과 같은 구체적인 영역에 적용하는 것이다.

메타포 *은유를 보라.

명목론名目論 *유명론을 보라.

모더니즘 modernism #근대주의 과학과 사회적·정치적 가르침을 모두 강조하여, 근대인들에게 적절하게, 근대인들이 수용할 수 있게 그리스도교를 수정하는 운동. 모더니즘은 신학적 *자유주의와 밀접하게 연결되어 있지만 자유주의가 전적으로 개신교와 관련된 것인 반면, 모더니즘은 19세기 말과 20세기 초 가톨릭 지성인들 사이에서도 지지를 얻었다. **참조.** *포스트모더니즘.

모형模型 model 그것이 표상하는 것과 조직적인 관계를 가지고 있는 모본—물리적 구조 또는 물체, 그림을 모아둔 것 또는 추상적인 존재들을 모아둔 것으로 구성될 수도 있다. 대개 모형에 요구되는 것은, 모형이 표상하는 것의 요소 및 그 요소들과 모형의 관계를 모두 재현하거나 나타낼 수 있어야 한다는 점이다. 모형은 보통 어떤 점에서 원래의 것보다 더 단순하다. 따라서 보다 큰 이해로 이어질 수 있다. 수학에서 모형은 형식적 관계가 정확히 정의될 것이 요구된다. 연구자들은 컴퓨터를 사용하여, 기상 질서와 같은 어떤 복잡한 현상에 대해 모의실험을 하거나 모형을 만든다. 과학 철학에서는 이 용어가 원자 모형을 태양계 축소 모형처럼 말할 때와 같이 더 느슨하게 사용될 수도 있고, 혹은 더 엄격하게 모형과 모형이 표상하려고 한 것의 관계에 대한 수학적 설명을 요구하기도 한다. 신학자들은 하나님께서 무한하시고 초월적이심에도 불구하고, 그분의 실재와 활동의 측면을 보여주는 모형이 제공되어 우리의 이해가 넓어진다고 논증함으로써, 모형 개념을 확장해 왔다. 과학에서 그러한 것처럼, 이러한 모형들은 모형을 통해 재현하고자 했던 실재를 필연적으로 단순화시킬 수밖에 없고 완벽히 재현하는 데 실패할 수밖에 없지만, 그럼에도 불구하고 모형들은 우리에게 통찰을 줄 수 있으며 유용한 안내자가 될 수 있다.

목적론적 논증目的論的論證 teleological argument 우주에 목적이 있다는 특성을 출발점으로 취하는 하나님의 존재에 대한 논증. 이 논증은 종종 '설계로부터의 논증'the argument from design이라고 일컬어지며, 여러 다양한 형태가 있다. 이 논증은 18세기와 19세기에 아주 유행하였으나, 많은 무신론자들은 *다윈주의가 이 논증의 신빙성을 떨어뜨렸다고 믿는다. 하지만 리처드 *스윈번과 같은 종교 철학자들은 다윈주의와 양립 가능한 형태의 목적론적 논증들을 개발하였다. **참조.** *신 존재 논증, *지적 설계.

몰리니즘 Molinism #몰리나주의 *중간 지식 참조.

무감수성無感受性 impassibility 하나님의 바깥에 있는 어떤 것에도 영향을 받지 않는다는 하나님의 속성. 하나님이 무감수적이라는 견해를 받아들이는 사람은 하나님이 *전능하시며 *완전하시기 때문에, 하나님의 행동과 감정이 다른 것에 의해 야기될 수 없다고 주장한다. 이를 비판하는 사람들은 무감수성이 하나님과 피조물 사이의 참된 사랑의 관계에 장애물이라고 믿는다. **참조.** *하나님의 속성.

무류성無謬性 infallibility 완전히 신뢰할 만하며, 의도된 목적을 성취함에 있어서 오류나 결함이 있을 수 없다는 특성을 뜻함. 개신교 신자들은 보통 이 특성을 성서에 적용한다. 가톨릭 신자들은 교회의 *교도권(가르칠 권한)까지 무류성에 포함시킨다. 성서의 목적이 계시된 진리를 전하기 위함이라고 가정한다면, 무류성은 적어도 제한적 *무오성을 논리적으로 함축하고 있다. 그럼에도 불구하고 실제로 몇몇 신학자들은 무류성을 단언하지만, 성서의 무오성을 주장하지는 않는데, 이는 성서의 과학적, 역사적 오류 가능성을 인정하면서도, *신앙과 실천의 문제에 있어 하나의 *권위로서 성서에 의존할 수 있음을 나타내려는 의도를 담고 있다.

무소부재無所不在 *편재를 보라.

무소부지無所不知 *전지를 보라.

무소불능無所不能 *전능을 보라.

무시간성無時間性 timelessness 하나님의 영원성을 이해하는 한 방식. 하나님의 *불변성을 강하게 지지하는 사람들은 하나님께서 모든 사건들이 서로서로 시간적 관계를 갖는다는 점을 알고 계신다고 보지만, 그럼에도 전형적으로 하나님이 *시간을 완전히 초월하셔서 '전과 후'가 없으신 존재라고 생각한다. 이와 대조되는 견해는 하나님을 불후하신 분으로 생각하는 것이다. 따라서 하나님은 어떤 점에서는 피조물들의 시간성을 공유하신다. **참조.** *영원/불후.

무신론無神論 atheism *유신론에서 주장하는 신의 실재를 부인하는 철학적 입장. 또는 다른 어떤 신적 존재의 실재도 부인하는 철학적 입장. **참조.** *불가지론, *신앙.

무오성無誤性 inerrancy 성경은 완전히 믿을 만하며, 그 안에 전혀 오류가 없다는 교리. 이 교리에는 보통 여러 방식으로 단서가 달려 있다. 성서 저자들의 자필 원본에는 오류가 없다고 하며, 그리고 적절한 해석을 할 경우에만 오류가 없다고 한다. 적절한 해석 자체는 장르(시, 잠언, 역사와 같은 것)에 주목할 것이 요구된다. 그리고 적절한 해석은 저자의 의도 및 저자와 독자가 공유하는 관습에 관한 문제에 답을 준다. 몇몇 그리스도인들은 제한적인 무오성을 단언한다. 그들은 오류가 없다는 것은 오직 하나님께서 성서를 통해 계시하고자 하신 몇몇 유형의 진리에 대해서만 유지된다고 언명한다. 그런 유형의 진리는 주로 도덕과 신학에서 중요한 것들이다. **참조.** *무류성.

무한성無限性 infinity 경계나 한계가 없다는 특성. 고전적 유신론에서는 지식, 능력, 사랑과 같은 하나님의 여러 속성들을 무한하다고 보았다. (**참조.** *하나님의 속성) 집합론에서 무한은 어떤 집합과 그것의 진부분집합의 원소들이 서로 일대일 대응 관계가 가능할 때, 그러한 진부분집합을 갖는 집합의 속성으로 정의된다. 자연수의 집합과 짝수의 집합(자연수의 진부분집합)의 원소들을 서로 하나씩 대응시킬 수 있는 것처럼 말이다. 연속의 측면으로 보면, 원리상 끝없이 거듭될 수 있는 순차 과정과는 대조적으로, 실제로도 무

한이 가능한지 여부에 대해 철학자들 사이에서 논쟁이 된다. 실제
적 무한을 부인하는 사람들은 우주가 무한히 늙어간다는 점도 반
드시 부인한다.

무형성無形性 incorporeality 몸을 갖지 않는다는 속성. 고전적인 그리
스도교 신학은 이것이 *하나님의 속성 중 하나라고 주장해 왔다. 몇
몇 사상가들은 이것이 또한 *천사의 특성이라고 믿는다. 무형성은
아브라함과 여러 사람들에게 하나님이 자신을 나타내시는 구약 성
서의 현현에서처럼, 일시적으로 육체적 모습을 띠는 것과 양립 가
능하다. 이것이 하나님의 본질적인 속성이라고 생각하는 사람들은
어떻게 *성육신이 가능한지에 대한 다양한 설명을 채택해 왔다.

문화 상대주의文化相對主義 cultural relativism *상대주의 참조.

물리주의物理主義 physicalism 오직 물리적인 실재들만 존재하며, 따
라서 *하나님, *천사, 비물리적인 *영혼과 같은 존재자들이 없다는
학설. 물리주의는 종종 유물론과 동의어로 사용되지만, 때때로 다
음과 같은 방식으로 그 관점이 구별된다. 즉, 물리주의자들은 물질
과 에너지의 존재를 받아들이는 반면, 유물론자들은 오직 물질만
존재한다고 믿는다. 일부 현대 물리주의자들은 과학을 언급함에
있어 결론을 열어 두는 개방적인 방식으로 자신들의 입장을 정의
한다. 다시 말해, 물리주의는 물리학에 의해 수용된 궁극의 입자나
실재가 곧 실재의 궁극적 구성 요소라고 주장하는 이론이다.

미美 *아름다움을 보라.

믿고자 하는 의지-意志 will to believe 종교적인 선택이 증거에 의해
정당화되는 것이 아니라 그 선택의 실용성 또는 삶을 향상시키는 특
성에 의해 정당화된다는 윌리엄 *제임스의 용어. 제임스는 '살아' 있
으며, '강제된' 것이며, '중대한' 성격을 갖는 선택의 상황에서 두 가
지 가능성 중 하나를 선택해야 할 때, 믿고자하는 의지가 정확하게
행사될 수 있다고 주장하였다. 살아 있는 선택지living option란, 두 선택
지 모두 불가능한 선택지가 아님을 심리적으로 신뢰할 수 있는 상황
에서의 선택지다(선택지가 유효하다고 믿을 만한 충분한 증거가 있

다). 강제된 선택지forced option란, 논리적으로 오직 두 가지 선택지만 있으며, 각각의 선택지는 우리가 살아야만 하는 삶의 방식을 함축하고 있기 때문에, 사실상 어떤 믿음이든 반드시 선택해야 하는 상황에서의 선택지이다. 중대한 선택지momentous option는 선택이 삶에 미칠 결과가 중요한 상황에서의 선택지다. **참조.** *믿음, *실용주의.

믿음 belief 흔히 명제를 그 대상으로 취하는, 근본적이고 긍정적인 인식적 태도. 대부분의 철학자들은 명제적 믿음이 현재 일어난occurrent 믿음일 수도 있고, 그렇지 않은nonoccurrent 것일 수도 있다고 주장한다. 전자는 어떤 명제에 대한 의식적인 동의와 같은 경우를 뜻하고, 후자는 어떤 사람이 2+3=5와 같은 어떤 명제(비록 그 사람이 이 명제를 의식적으로 생각하지 않았더라도)에 동의하려는 경향과 같은 경우를 뜻한다. 신학자들은 사람이 하나님을 믿는 경우 또는 민주주의를 믿는 경우에서처럼, 믿음을 인격적 대상에 대한 믿음과 관념적인 이상에 대한 믿음으로 구분한다. 전자가 성경적 *신앙 개념에 가까워 보이지만, 명제적 믿음이 전혀 없다면 하나님께 대한 믿음 또한 불가능하다는 점도 분명해 보인다. 왜냐하면 "하나님이 존재하신다"와 같은 명제 또는 하나님의 성품에 관한 명제를 믿지 않으면서, 하나님을 믿기란 어려운 일일 수 있기 때문이다.

바르트, 칼 Barth, Karl (1888-1968) 20세기의 가장 중요한 신학자 중 한 명. 바르트가 초기에 쓴 『로마서』(*Der Römerbrief*, 1918 초판, 1921 2판●: 복있는사람)는 자유주의 신학을 약화시킨 것으로 널리 명성을 떨치고 있으며, 때로 *신정통주의 내지 변증법적 신학으로 불리는 사조에 영감을 주었다. 신정통주의는 하나님과 인간이 질적으로 완전히 다르다는 점과 하나님을 알게 되는 일에 계시가 필수적임을 강

● 서지정보 상 발행일 기준으로는 초판 1919년, 2판 1922년이다.

조했다. 독일어권 스위스 신학자였던 바르트는 고백교회Bekennende Kirche에서 중요한 역할을 하였다. 고백교회는 바르멘 선언Barmer Theologische Erklärung을 통해 히틀러Adolf Hitler, 1889-1945에게 저항하였다. 바르트의 신학을 가장 포괄적으로 저술한 작품은 여러 권으로 된 『교회교의학』(Kirchliche Dogmatik: 대한기독교서회)이다.

반사실적 조건(서술)反事實的條件(敍述) counterfactuals 전건(p)이 거짓인 조건 명제(조건 명제는 보통 "만약 p이면, q이다"if p, then q의 형식으로 표현된다). 예를 들면 다음과 같은 것들이다. "만약 달이 생치즈로 만들어졌다면, 달은 맛있을 거야." "만약 아브라함 링컨이 암살당하지 않았더라면, 남북전쟁 후에 인종 화해가 좀 더 앞당겨졌을 거야." 자유로운 인간의 행동을 다루는 반사실적 조건의 위상에 대해서는 논의가 격렬하다. 예를 들면 이런 명제에 대한 논의이다. "만약 존이 $5,000의 뇌물을 받았다면, 그는 자유롭게 뇌물을 거절했을 것이다." 몰리니즘[몰리나주의]Molinism의 옹호자들은 하나님의 정하심에 속하지 않은(그래서 실제로 일어나지 않은) 그러한 명제도 진리치truth value●를 갖는다고 주장한다. **(참조. *중간 지식)** 또한 몰리니즘의 주장에 따르면, 하나님께서는 그러한 모든 명제의 진리치에 대한 지식이 있으시며, 그러한 지식을 사용하셔서 우주를 섭리로 통치하신다. 이는 하나님께서 인간의 자유를 침범하지 않고 사건의 결과를 통제하신다는 생각을 담고 있다. **참조. *결정론, *섭리, *자유 의지.**

반실재론反實在論 antirealism (A) '몇몇 유형의 존재' 또는 (B) '존재자 일반'이 마음과 무관하게 독자적으로 존재하지 않는다는 철학적 주장. (A)유형의 반실재론은 국부적 반실재론이라고 할 수 있다. (B)유형은 포괄적 반실재론이라고 할 수 있다. 예를 들면, 국부적 반실재론은 수數, 추상적인 보편자,●● 과학에서 관찰되지 않는 이론상의 존재를 독립적인 실재로 인정하지 않는다. 임마누엘 *칸트의 영향을 받은 포괄적 반실재론자들은 대체로, 인간이 인간의 개념으로

● 참(T), 거짓(F) 등 명제의 진리 여부를 판단한 결과 값. 예를 들어 "2002년에 월드컵 축구 대회가 있었다"의 진리치는 참이고, "2015년 대한민국의 총리는 메르켈이

부터 독립적인 실재 그 자체●●●는 알 수 없다고 주장한다.

반정립反定立 antithesis 독 Antithese #안티테제 G. W. F. *헤겔의 변증법적 논리학에 대한 해설에서 사용되어 유명하지만, 헤겔 본인은 거의 사용하지 않았던 용어. 헤겔의 변증법적 논리에서는 삼자도식을 사용하는데, 삼자도식 중 둘째 요소는 첫째 요소('정립'〔테제〕 thesis: 독 These)를 약화시키거나 부인한다. 그렇게 함으로써 첫째 요소의 '반정립'이 된다. 이러한 반대는 결국 셋째 요소('종합'〔진테제〕synthesis: 독 Synthese)에서 극복된다. 진테제는 처음 두 요소가 한쪽 측면에서만 표현하였던 진리를 포착하여, 처음 두 요소가 지닌 편파성을 극복하게 된다. (**참조.** *변증법) 또한 반정립이라는 용어는 개혁주의 신학에서 아브라함 카이퍼Abraham Kuyper, 1837-1920(네덜란드의 신학자이자 정치인)의 추종자들이 사용하고 있다. 그들은 '하나님께 충실한 사고의 형태'와 '죄악으로 저항하며 형성된 사고' 사이의 날카로운 대립을 나타내기 위해 이 용어를 사용한다.

반 틸, 코넬리우스 Van Til, Cornelius (1896-1987) 네덜란트에서 태어나서 칼빈대학, 칼빈신학대학원, 프린스턴신학대학원에서 교육 받았으며, 웨스트민스터신학대학원의 수많은 학생들에게 깊은 영향을 미친 개혁주의 신학자. 반 틸은 그리스도교와 비그리스도교 사이의 쟁점이 서로 동의하는 공통의 사실에 호소함으로써 판가름날 수 없다고 보는 *전제주의를 옹호했다. 그 대신 반 틸은 모든 믿음 체계가 궁극적인 전제에 기초하며, 그리스도교는 삼위 하나님의 자증적인 *계시에 기초한다고 논증하였다. 반틸에 따르면, 비그리스도교적 견해는 그 견해가 기초하는 부적절한 전제에서 발생하는 내적인 모순을 지적함으로써 비판받아야 한다.

배타주의排他主義 exclusivism 그리스도교 신학 안에서 예수님을 믿는 *신앙을 명시적으로 갖는 사람들만 *구원이 가능하다는 견해 (그리스도의 초림 이래로 적어도 어른들에게는 해당된다고 주장).

다"의 진리치는 거짓이다. ●● 예를 들어, 개별 동물이 아닌 집합명사로서의 동물, 아름다움과 같은 것들을 말한다. ●●● (사)물자체(Ding an sich; thing in itself).

이 견해는 포괄주의inclusivism 및 *다원주의와 대조를 이룬다. 포괄
주의는 사람이 그리스도를 통해서만 구원 받을 수 있지만, 이생에
서 그리스도에 대한 명시적인 신앙이 없는 누군가도 그분에 의해
구원을 받는 것이 가능하다는 주장이다. 다원주의는 예수님만이
구원의 방편이 아니라는 주장이다. 더 넓은 의미에서 배타주의는
특정 종교를 통해서만 구원이 가능하다는 관점을 주장하는 모든
종교적 견해에 대해 사용된다.

배화교拜火敎 *조로아스터교를 보라.

버클리, 조지 Berkeley, George (1685-1753) 존 *로크, 데이비드 *흄
과 더불어 가장 위대한 영국 경험론 철학자 삼인방 중 한 명. 버클
리는 아일랜드의 성공회 성직자로 주교가 되었다. 그는 *관념론을
옹호한 것으로 유명한데, 그의 관념론은 오직 마음과 정신 사건 및
속성만 존재한다는 주장이다.● 버클리는 질료의 존재를 부정하며
"존재하는 것은 지각된 것이다"esse est percipi라고 단언함으로써, 유
물론적 *무신론을 약화시키기를 원했다.●● **참조.** *경험론.

버틀러, 조지프 Butler, Joseph (1692-1752) 영국 성공회 주교로 *신학
과 *철학 모두에 중요하게 기여했다. 버틀러의 책『자연 종교와 계
시 종교의 유사점』(Analogy of Religion, 1736)은 이신론에 맞서 정통 그리
스도교를 옹호하는 내용으로 18세기에 잘 알려져 있었다. 버틀러
는 *쾌락주의에 대한 유명한 비판(쾌락은 일반적으로 욕망의 직접
적인 대상이라기보다, 인간이 욕망하는 다른 것들로부터 오는 부산
물이라는 논증)을 포함하여 도덕 철학에 예리한 공헌을 많이 했다.

범신론汎神論 antheism 하나님과 세계가 동일하다는 믿음. 서구 세
계에서 가장 유명한 범신론의 옹호자는 바뤼흐 *스피노자이다. 그
는 하나님과 자연이 동일한 실재의 두 이름이라고 주장하였다. 이
실재는 사유와 물질적 연장extension이라는 두 가지 속성을 지닌다.

● 사물이 존재하지 않는다는 의미가 아니라, 사물과 관념의 분리를 부인하는 주장
으로 볼 수 있다. ●● 하나님의 지각에서 벗어나 그 자체로 존재하는 것이 있다면, 이
는 유물론적 무신론을 함축할 수 있기 때문이다. 강영안, 『강교수의 철학 이야기』(한
국기독교학생회) 참고.

범신론은 *아드바이타 베단타 힌두교의 절대적 *일원론***을 묘사하는 데에도 사용된다. 아드바이타 베단타는 실재 전체가 하나의 절대자, 즉 신과 동일하다고 주장한다. 또한 대상들 사이에서 짓는 우리의 구분이 그저 현상적인 부분이라고 주장한다.

범재신론汎在神論 panentheism 우주 전체가 하나님 안에 포함되어 있으나, 하나님이 우주에 국한되지 않는 견해. *유신론에서와 같이 세계와 하나님이 다른 것은 아니지만, 그렇다고 *범신론에서처럼 하나님과 세계가 동일한 것도 아니다. 범재신론자들은 간혹 우주를 하나님의 몸으로 생각한다. 그러나 범재신론자들은 인간이 자신의 물질적 몸을 초월하는 것과 거의 마찬가지로, 하나님이 자신의 몸을 초월한다고 말한다. 범재신론은 *과정 신학 안에서 공통된 입장이다.

범주範疇 categories 철학자들에게 있어 가장 기본적인 분류 체계를 이루는 요소들. 일군의 범주를 개발한 최초의 철학자는 아리스토텔레스이다. 그의 10범주는 유명하다. 그 10개는 실체, 관계, 양, 질, 장소, 시간, 상태, 위치, 능동, 수동이다. 또 다른 유명한 범주적 구분으로는 르네 *데카르트의 것이 있다. 그는 실체를 두 종류의 근본적인 종류로 구분하였는데, 바로 정신적 실체와 물리적 실체****이다. 범주에 관한 임마누엘 *칸트의 주장도 유명하다. 즉, 오성〔지성〕의 기본 범주는 마음에서 나온 것이며, 따라서 우리는 세계를 있는 그대로(그 자체로) 알 수 없고, 단지 우리가 가진 기본적인 개념들로 구성해낸 세계만을 알 수 있을 뿐이다. 그의 견해는 *반실재론으로 총칭되는 다양한 관점에 영감을 미쳐 왔다.

범주 오류範疇誤謬 category mistake 어떤 논리적 범주에 속한 용어를 다른 논리적 범주에 속한 것으로 간주함으로써 생기는 오해. 철학자 길버트 라일Gilbert Ryle, 1900-1976은 범주 오류 개념을 대중화하였

●●● 보다 엄밀하게는 절대적 불이론(不二論)이라고 할 수 있다. 상카라의 아드바이타(Advaita)를 '절대적' 불이론이라고 하는 것은 라마누자의 제한적 불이론(Viśiṣṭādvaita)과 대비시키는 표현이다. ●●●● 사유(Res cogitans)와 연장(Res extensa)이라고도 한다.

다. 그는 대학의 재무보고서를 보는 사람을 예로 들었다. 그 사람은 재무보고서에 기술되어 있는 것이 실제 대학이고, 자신이 본 대학의 건물, 교실, 도서관 등등은 실제 대학이 아니라는 어리둥절한 생각을 한다. 왜냐하면 재무보고서에 대학의 모든 면이 포괄되어 있기 때문이다. 라일을 비롯한 여러 철학자들은 이러한 종류의 실수가 언어에 대한 오해에서 비롯된 것이며, 많은 철학적 수수께끼의 근저에는 이러한 오해가 있다고 생각하였다.

법(도덕법, 하나님의 법, 자연법)法(道德法, -法, 自然法) law (moral, divine, natural) 통제하는 *권위에 의해 규정된 규칙. 주state나 국가의 법은 보통 행동을 규제한다. 하나님을 믿는 이들은 대개 법을 몇몇 다른 의미에서 생각한다(겹치는 부분도 있겠지만). 하나님의 법은 하나님이 통치하시는 계율을 나타내는데, 적어도 그중 일부는 오직 하나님으로부터 받은 *특별 *계시를 통해서만 알 수 있다. *도덕에 관한 *신 명령 이론을 받아들이는 사람은 대개 도덕법이 하나님의 법의 일부라고 생각할 것이다. 물론 도덕법이 특별 계시와 별개로 알려질 수 있는지 여부에 대해서는 의견이 갈린다. 다른 사람들, 특히 유신론자가 아닌 경우는 법과 비슷한 도덕적 의무의 강제력을 나타내기 위해 '도덕법'이란 표현을 은유적으로 사용할 것이다. 그럼에도 이러한 의무들이 문자 그대로 법과 같이 공포되는 것은 아니다. '자연법'이란 용어는 하나님께서 세계를 특별한 구조와 목적으로 창조하심으로써 갖추어 놓으신 도덕법을 나타낼 때 사용된다. 자연법에서, 도덕적으로 행동한다는 것은 사물의 본래적〔자연적〕기능을 존중하는 방식으로 본성〔자연〕에 따라 행동하는 것이다. 이러한 의미에서 *자연법을 주장하는 사람들은 자연법의 원리들이 특별 계시와는 별개로 알려질 수 있다고 생각한다. 이러한 의미의 '자연법'은 과학 법칙 또는 물리 법칙으로 이해되는 '자연법칙'laws of nature과는 구분되어야 한다. 유신론자들은 과학 법칙이 하나님께서 질서를 부여하신 창조 세계의 규칙을 나타낸다고 생각할 것이다. 유신론자가 아닌 사람들은 여기서 '법'이라는 표현을 법과 비슷

한 규칙적인 질서를 비유적으로 나타내기 위해 사용할 것이다. 그
들은 그러한 질서를 어떤 의도된 설계에 귀속시킬 필요가 없다.

베이유, 시몬느 Weil, Simone (1909-1943) #베유, 시몬 소외된 노동자
문제에 그리스도교적 통찰을 적용한 프랑스의 종교 철학자이자 작
가. 베이유는 하나님 자신이 근본적으로 자기 비움을 통해서 계시
된다는 견해로 이어지는 예수님의 *성육신에 관한 케노시스적 이
해를 전개했다. 그리스도를 따르는 사람은 권력 요구를 포기하고
동료 피조물의 괴로움으로 들어감으로써 인간의 고통에 의미를 부
여할 수 있다.

변신론辯神論 *신정론을 보라.

변증법辨證法 dialectic 어떤 주장과 그에 대한 반대 및 해결과 연관
된 생각이나 논증의 과정으로, 때때로 질문 및 대립 대답의 형태
로 구성된다. 이 용어는 다양한 철학자들에 의해 아주 다른 방식으
로 사용되어 왔다. *플라톤은 변증법〔대화법〕을 최고의 추론 형식
이라고 생각하였다. *아리스토텔레스와 후기 중세 철학자들은 변
증법이 일정한 형식을 갖춘 논쟁 방법이라고 생각하는 경향이 있
었다. 임마누엘 *칸트는 '초월적 변증법'〔초월적 변증론〕transcendental
dialectic●을 개발하였다. 이는 무비판적 이성이 빠지는 자가당착을
드러내려는 시도이다. G. W. F. *헤겔은 변증법적 논리학을 개발하
였다. 헤겔은 역사를 형성하는 형식 구조로 변증법을 제시하였다.
여기에서 역사는 절대 정신이 점진적으로 전개〔실현〕되는 것으로
간주된다. 칼 *마르크스는 이러한 역사적 변증법을 취해서 자신의
변증법적 *유물론에 사용하였다.

변증법적 신학辨證法的神學 dialectical theology *신정통주의를 보라.

● transcendental(독 transzendental)은 '선험적'으로도 번역된다. 그러나 칸트 철
학에서 a priori(선험적)와 구분하기 위해서 보통 '초월적'으로 번역한다. '초월적'이
란 선험적(경험과 독립적)이면서 동시에 경험적 인식을 가능하게 하는 것이다. 그리
고 경우에 따라서는 '초월론적'(超越論的)으로 옮기기도 한다. 보통 그리스도교에서
'초월적'이라고 번역하는 'transcendent'(독 transzendent)는 transcendent-al과 구
별할 필요가 있을 경우 '초험적'으로 번역한다. '초험적'이란 경험적 인식 가능성을
넘어서는 것이다.

변증법적 유물론辨證法的唯物論 dialectical materialism *마르크스주의 참조.

변증학辨證學 apologetics #호교론 그리스도교 신앙에 대한 합리적인 옹호. 역사적으로, 다음과 같은 다양한 형태의 변증 논증들이 펼쳐져 왔다. 신 존재에 대한 철학적 논증. 신 존재와 고통/악의 양립 가능성에 대한 논증. *기적과 예언의 성취와 같은 것들에 대한 역사성 논증. 신비 체험을 비롯한 *종교적 경험으로부터의 논증. (참조. *신비주의, *신 존재 논증, *악의 문제, *예언으로부터의 논증) 어떤 이들은 적극적인 변증과 소극적인 변증으로 구분한다. 적극적인 변증은 그리스도교의 진리를 논증하려는 시도이고, 소극적인 변증은 그저 비판자들의 공격에 대한 응답으로 신앙의 장애물을 제거하려는 시도이다.

보나벤투라 Bonaventure, St. 라 Bonaventura (1217?-1274) 프란치스코회에 속한 중세 철학자-신학자. 그는 토마스 *아퀴나스와는 대조적으로, 세계에 시작이 있다는 점을 단지 계시로부터 만이 아니라, 이성에 의해서도 알 수 있다고 주장하였다. 그 접근법에 있어 확고한 아우구스티누스주의자였던 보나벤투라는 *철학적 신학, 신비 신학, 프란치스코회의 영성에 중요한 기여를 했다.

보에티우스 Boethius (480?-525) 고대와 중세 세계를 연결하는 중요한 인물. 보에티우스는 아리스토텔레스의 저작을 번역하고 주석하였는데, 이는 12세기 중반까지 아리스토텔레스에 대해 알려진 내용의 거의 유일한 원천이었다. 보에티우스는 아리스토텔레스와 플라톤의 관점을 종합하려고 하였다. 그는 또한 *하나님의 무시간적 *영원성이라는 고전적 개념, 곧 하나님께서 단번에 무한한 삶을 소유하신다는 개념을 발전시켰다.

보존保存 *창조 세계의 보존을 보라.

보편 구원론普遍救援論 universalism 결국 모든 사람이 구원을 받으며, 영원히 버림받는 사람은 없다는 믿음. 어떤 보편주의자들은 그리스도의 사역으로 인해 모두가 구원받을 것이라고 주장한다. 그러나 어떤 보편주의자들은 세계의 모든 종교가 동일하게 타당하다고 보는 다원주의적 견해를 지지하며, 그리스도의 유일성 및 *구원을 위한 그분의 사역의 필요성을 부인한다. 이생을 살면서 그리스도에 대한 의식적인 신앙을 갖지 않은 일부 사람도 구원받는 것이 가능하다는 견해와 보편구원론을 혼동해서는 안 된다. 보편구원론은 또한 영혼멸절설annihilationism과도 구별되어야 한다. 영혼멸절설은 영원히 버림받은 사람은 존재하기를 완전히 그친다(즉, 사라진다)는 주장이다.

본질주의本質主義 essentialism 사물 안에 본질 또는 '본성'이 실재한다는 형이상학적 관점. 사물은 자기 존재의 본질을 이루는 속성의 다발을 지니는데, 이러한 본질적인 속성은 그 사물이 지니는 '우발적' 또는 우연적 속성들과 구별될 수 있다. 이를 반대하는 관점에서는 본질이 그저 언어의 기능이라고 주장한다. 이러한 관점에 따르면, 대상에 본질적인 속성이란, 그 대상에 실재하는 특성이 아니라 그 대상을 묘사하는 방식으로서 하나의 기능이다. **참조.** 형이상학.

부버, 마르틴 Buber, Martin (1878-1965) 종교 실존주의의 가장 선도적인 인물이자, 탁월한 유대교 철학자. 그의 가장 유명한 저서 『나와 너』(Ich und Du: 문예출판사)에서 마틴 부버는 '나-그것 관계'와 *나-너 관계'의 중요한 구분을 설정한다. 나-그것 관계는 사람들이 물건을 대하는 식의 관계이다. 나-너 관계는 인격체 간의 대화적 관계로 이따금씩 가능한 관계이다. 부버는 그러한 나-너 관계가 궁극의 '당신'인 하나님이 어떻게 알려질 수 있는지에 대한 유비를 제공한다고 주장하였다.

부정 신학否定神學 negative theology 하나님께 속하지 않은 속성을 통해 하나님을 이해하려고 시도함으로써 하나님의 *초월성을 강조하는 전통. 이러한 전통에서는 하나님이 아닌 대상들이 지닌 유한한 속성들을 부정함으로써 하나님을 설명한다. 따라서 하나님은 어떤 것에도 의존하지 않으시고, 신체나 시간에 의해서도 제한되지 않으시며, 지식이나 능력에 있어서도 제한되지 않으신다. 부정 신학은 종종 신에 대한 긍정적 개념을 희미하게나마 선사해주는 *형언 불가한 경험을 제시하는 입장으로 알려진 *신비주의와 연결된다.

부활復活 resurrection 그리스도 안에서 구속된 이들이 죽음 이후에 새롭게 변화된 몸으로 다시 살게 된다는 그리스도교 교리. 부활의 본은 예수님의 부활이다. 예수님의 몸은 십자가에 못 박히시고 삼 일만에 죽음 가운데서 살아나셨다. 부활된 몸의 본성은 신비에 싸여 있지만, 교회는 전통적으로 땅에 속한 현재의 몸과 '영'에 속한 부활의 몸 사이에 연속성도 있고 불연속성도 있다고 가르쳐 왔다.

분석 철학分析哲學 analytic philosophy 잉글랜드에서는 1930년대 이 래로, 미국에서는 제2차세계대전 이래로 지배적인 *철학 형태.● 영향력 있는 초기 분석 철학자로는 버트런드 *러셀과 루트비히 *비트겐슈타인이 있다. 분석 철학자들은 자신들이 지닌 철학적 관점의 내용을 공유하는 것이 아니다. 다만 철학하는 방식에 있어서 분석 철학자로 구별되는 것이다. 그 철학하는 방식은 정확한 언어 사용을 강조하고, 논증을 분석하기 위해 논리적 기술을 사용하는 것에 중점을 둔다. (**참조.** *논리 실증주의) *종교 철학에 있어서 분석 철학은 하나님의 존재, *악의 문제, *종교적 경험의 증거 가치 등에 대해 활발한 논쟁을 하고 있다. 심지어 *삼위일체, *성육신, *속죄와 같은 특정 그리스도교 교리에 대한 논쟁에도 활발하게 참여하고 있다.

불가지론不可知論 agnosticism 신에 대한 믿음을 단언하는 것(*유신론)도 아니고, 신의 존재를 부인하는 것(*무신론)도 아니며, 그 대신 판단을 유보하는 입장. 불가지론자를 두 유형으로 구분하는 것이 유용할 것이다. 하나는 '겸손한 불가지론자'로 신이 실재하는지에 대한 문제에 답을 내릴 능력이 없다고 주장한다. 다른 하나는 '공격적 불가지론자'로 신이 실재하는지에 대해 그 누구도 답을 내릴 수 없으며, 따라서 판단을 유보하는 것만이 가장 합리적인 입장이라고 주장한다. **참조.** *믿음, *의심.

● 분석 철학을 대륙 철학(프랑스, 독일을 중심으로 하는 철학)과 대조하여 영미철학이라고 부르는 경우도 있지만, 분석 철학과 영미철학이 같은 의미는 아니다.

불교佛教 Buddhism 고타마 싯다르타Gautama Siddhārtha, 563?-483 BC(또
는 부처/불타佛陀/붓다Buddha; '깨달은 자'라는 의미)가 창시한 종
교. 불교에서는 고통의 원천이 자신의 욕망임을 매우 강조하여, 무
아無我의 성취를 이러한 상황의 해결책으로 여긴다. 무아는 팔정도
八正道를 통해 성취될 수 있다. 이로써 개인이 *윤회의 수레에서 벗
어나 열반涅槃; nirvāṇa에 이른다. 불교는 상좌불교上座-; Theravāda -●●
와 대승불교大乘-; Mahāyāna -로 나뉜다. 대승불교는 자비로운 구제자
로서의 부처의 역할에 더 강조점을 둔다.

불멸성不滅性 immortality 영원히 존재함 또는 (더 느슨하게는) 끝이
없음. 많은 신학자들이 하나님의 불멸성을 시간 속에서의 *불후로
계신 것이 아니라 완전히 *시간 바깥에 계신 것으로 이해하지만,
그럼에도 대부분의 신학자들은 시작도 끝도 없다는 의미에서 오직
하나님만이 불멸하신다고 생각한다. 많은 종교에서 (그리고 *플라
톤과 같은 철학자들이) 끝이 없다는 의미로 인간들도 불멸한다고
믿어 왔다. 왜냐하면 인간들에게는 몸이 죽은 다음에도 여전히 존
속하는 비물질적인 *영혼이 있다고 믿기 때문이다. 그리스도인들
은 인간 영혼 자체가 본디 불멸적이라는 플라톤적 견해를 반드시
수용할 필요는 없다. 하지만 다수의 그리스도인들은 인간 영혼이
죽음과 *부활 사이에도 하나님의 능력 덕택에 계속 존재한다고 생
각해 왔다. 이러한 견해에서 보면, 인간은 하나님께 의존하는 일종
의 조건적인 불멸성을 지닌 것이다. **참조.** *무시간성, *영원/불후.

불변성不變性 immutability 변할 수 없음이라는 *하나님의 속성. 많은
고전적 유신론자들은 하나님은 시간과 무관하시기 때문에, 하나님
의 불변성이 철저하고strict 절대적인 것이라고 주장해 왔다. 더 최
근에 하나님에 대한 관념을 불후로 받아들이는 몇몇 사람들은 하
나님의 기본적인 성품과 본성은 변하지 않지만, 그럼에도 하나님
의 경험은 계속되고 있으므로, 하나님은 변화를 경험하실 수 있다

●● 우리나라에서는 보통 소승불교(小乘-; Hīnayāna-)로 부른다. 이는 대승불교에
서 상좌불교를 비하하는 표현이다.

고 주장해 왔다. (참조. *무시간성, *영원/불후) 훨씬 더 급진적인 몇몇 과정 신학자들은 하나님의 본성도 변화한다고 주장한다. (참조. *과정 신학)

불이론적 베단타不二論的 - ***아드바이타 베단타**를 보라.

불트만, 루돌프 Bultmann, Rudolf (1884-1976) 마르틴 *하이데거의 초기 철학에 강한 영향을 받은 독일의 신약학자이자 신학자. 불트만은 양식 비평의 선구자이다. 양식 비평은 신약 성서의 기저를 이루는 구두 전승과 구전 전통의 베일을 벗겨서, 초대 교회가 처한 상황에 비추어 그러한 전통들의 발전을 이해하려는 시도이다. 불트만의 신학은 *실존주의에서 온 개념들을 이용하여 성서의 메시지를 해석함으로써, 신약 성서의 개념적 틀을 '비신화화'demythologize하려는 시도를 담고 있다.

불확정성 원리不確定性原理 uncertainty principle ***상보성** 참조.

불후不朽 everlasting ***영원/불후**를 보라.

브루너, 에밀 Brunner, Emil (1889-1966) #브루너 매우 영향력 있는 스위스의 신학자로, (칼 *바르트와 더불어) *신정통주의 또는 변증법적 신학의 시조로 인정받는다. 브루너와 바르트는 *자연 신학과 자연적인 종교 지식의 가능성을 두고 유명한 의견 다툼을 벌였다. 바르트는 이에 대해 완전히 부정적인 입장을 취한 반면, 브루너는 좀 더 미묘한 관점을 취했다. 즉, 브루너는 그러한 자연 신학적 시도들을 전혀 무가치한 것으로 여길 수 없다는 입장이었다.

비신화화非神話化 demythologization ***불트만, 루돌프** 참조.

비인지주의非認知主義 noncognitivism 도덕적 명제나 종교적 명제 같은 어떤 명제들은 참도 거짓도 아니며, 따라서 그러한 명제에는 *인지적 의미가 없다는 이론. 비인지주의적 *윤리학 이론에는 정서주의 emotivism와 규정주의prescriptivism가 포함된다. 정서주의는 윤리 명제가 참 또는 거짓을 진술하는 것이 아니라, 정서적 태도를 표현하는 것이라는 주장이다. 규정주의는 "진실을 말하는 것은 도덕적으로 옳다"와 같은 도덕 명제가 명령을 가장하고 있어서, "진실을 말해!"와 같은 강제력을 가지고 있다는 주장이다. 이와 비슷하게 종교에서 비인지주의도 종교적 명제에 어떤 진실이나 거짓이 없다고 주장한다. 예를 들어, 어떤 사람이 *죽음 이후의 삶을 확언한다고 해서, 무덤 너머에 무슨 일이 일어날지에 관한 사실을 확언한다는 의미는 아니다. 오히려 그것은 삶에 대한 어떤 태도를 표현하는 것일 수 있다.

비트겐슈타인, 루트비히 Wittgenstein, Ludwig (1889-1951) 오스트리아에서 태어나 영미 철학에 가장 큰 영향을 미친 철학자. 비트겐슈타인의 초기 작업은 복합 명제를 '원자적 사실'을 그리는 '원자 명제들'의 함수로 여기는 의미 그림 이론picture theory of meaning〔또는 언어 그림 이론picture theory of language〕에 대해 설명한 것이었다. 이러한 견해에 따르면, 윤리적 명제와 종교적 명제는 언어로 표현될 수 없는 '신비적인 것'에 속한다. 후기 비트겐슈타인은 언어의 의미가 사용이라는 기능임을 강조한 보다 유연한 언어 이론을 개발하였다. 단어는 '언어 게임'language games의 일부로서 여러 다양한 문맥에서 사용된다. 의미는 언어 게임과 관련하여, 그리고 게임의 집인 삶의 형태와 관련하여 설정되어야 한다. 종교에 관한 후기 비트겐슈타인의 사상 일부는 비트겐슈타인 *신앙주의로 발전해 왔다. 이는 종교 언어 게임의 자율성을 강조하고, 종교적 믿음에 어떤 정당화가 필요하다는 생각을 부인하는 것이다. 그러나 이러한 견해를 지지하는 사람들 중 몇몇의 사상에서, 비트겐슈타인의 견해는 종교적 반실재론과 연결되어 있다. 즉, 종교적 명제는 객관적으로 참 또는 거짓일 수 있는 사실에 대한 진술이 아니라는 것이다. **참조.** *분석 철학, *언어 이론.

비환원적 유물론非還元的唯物論 nonreductive materialism *심신 *이원론을 거부하지만, 인간이 물질적 대상이더라도 오직 물리적 술어만으로는 인간이 설명될 수 없다고 주장하는 견해에 사용되는 용어. 전형적인 비환원적 유물론자들은 물리적 속성으로 환원될 수 없는 친절함 또는 사려 깊음과 같은 어떤 고차원의 속성들이 있다고 믿으며, 그러한 속성들이 개인의 물리적 속성에 수반된다고 믿는다. 수반supervenience 개념은 여러 가지 방식으로 이해될 수 있지만, 대개 수반을 옹호하는 사람들은 기저를 이루는 물리적 속성이 더 높은 차원의 속성에 필수적이라고 말한다. 그러나 또한 개념을 필요로 하는 더 높은 속성들은 더 근본적인 물리적 차원에 대한 개념으로 환원될 수 없다고 말한다. 비환원적 유물론의 한 예는 사람을 그 신체와 동일하게 보지 않으면서도, 사람이 신체로 구성된다는 견해이다. **참조.** *유물론.

사랑 love 하나님의 성품의 핵심heart이며, *신앙, *소망과 함께 그리스도교의 기본 *덕목 중 하나. 그리스도교 신학자들은 종종 사랑을 다음과 같은 여러 형태로 구분한다. 연정erotic love, 우정 friendship love, 그리고 이웃을 향한 사랑. 후자는 하나님이 예수(하나님을 배반한 인간을 위해서 하늘로부터 오셔서 자신의 생명을 희생 제물로 바치신 분) 안에서 자신을 포기하신 사랑과 가장 닮아 있다. **참조.** *아가페주의.

사르트르, 장-폴 Sartre, Jean-Paul (1905-1980) 제2차 세계대전 기간에 전개한 자신의 *실존주의 사상으로 가장 유명한 프랑스의 작가이자 철학자. 사르트르 철학의 핵심은 개인의 자유와 책임에 대한 그의 확언에 있다. 우리는 자신의 상황을 창조하지는 않지만, 언제나 자신이 처한 상황을 부정하고 해석할 자유가 있기에, 자신이 형성한 모습what we become에 궁극적인 책임이 있다. 사르트르는 *무신론에 기반을 두었기 때문에, 인간의 선택으로부터 독립된 가치가 존재하는 이데아의 세계란 없으며 오히려 우리는 '부조리한' 세계에 직면하는 '비참한' 존재라고 주장하였다.

사회적 삼위일체론社會的三位一體論 social trinitarianism 삼위일체에서 세 위격의 구별을 강조하고 삼위일체의 일치를 공동체의 연합으로 이해한 몇몇 그리스 교회 교부들에게 영감을 받은 *삼위일체에 대한 이론들. (**참조.** *갑바도기아 교부) 이러한 견해에 내재한 위험은 이것이 삼신론, 즉 하나님이 세 분이시라는 믿음으로 미끌어질 수 있다는 점이다.

삼위일체三位一體 Trinity 하나님이 아버지와 아들과 성령이라는 세 개의 구별된 위격으로 되어 있으시지만 본질적으로 하나라는, 하나님에 대한 그리스도교적 이해. 이 교리는 하나님이 다음과 같은 세 가지 형상으로 자신을 계시하신 신약 성서의 증언에 그 맹아가 있다. 모든 사물의 근원이신 아버지, 아버지를 계시하시고 타락한 인류를 구속하기 위해 육체로 오신 말씀이신 하나님divine Word, 교회에게 그리고 아버지와 말씀이신 하나님을 증언하는 자들에게 생명과 연합을 주시는 성령. 이 교리를 표현하기 위해 교회가 사용한 신학 용어는 시간이 지남에 따라 그 의미가 바뀌고 있다. 그리스 교부들은 하나의 본질ousía(존재 또는 실체)에 세 개의 위격hypóstasis을 말하였다. 라틴어로 번역하면서 하나의 실체substantia에 세 위격personae이 되었다. 그러나 그리스어와 라틴어 모두에서 위격〔인격〕person이라는 용어는 현대적 용례에서 발견되는 개별적인 자기의식이라는 의미를 강하게 담고 있는 것이 아니다.

상대주의相對主義 relativism 절대적인 표준이나 객관적인 표준을 부인하는 것으로, 특히 *윤리학에서 쓰이는 용어. (**참조.** *객관성) 윤리적 상대주의자들은 도덕적으로 옳은 것이 개인의 믿음이나 정서에 따라 상대적이라고 주장하는 개인적 상대주의자일 수 있다. 또는 도덕적으로 옳은 것이 집단의 차이에 따라서 달라진다고 주장하는 문화적 상대주의자일 수도 있다. (**참조.** *주관주의) 상대주의 *인식론도 비슷하다. 즉, 무엇이 참인지 여부는 개인 또는 문화에 달려 있다고 주장한다.

상보성相補性 complementarity 세계에 대한 두 가지 설명이 외견상 양립불가능한 것으로 보이지만, 그럼에도 둘 다 참이거나 적어도 둘 다 받아들여야 하는 그러한 것이 있다는 자신의 관점을 표현하기

위해 물리학자 닐스 보어Niels Bohr, 1885-1962가 사용한 용어. 상보성의
원리는 양자역학 및 불확정성의 원리와 연결되어 있다. 불확정성의
원리는 원자보다 작은 입자에 대해서 위치와 운동을 동시에 특정하
여 명시하는 것이 불가능하다는 생각이다. 상보성의 고전적인 예는
빛을 입자와 파동 모두로 구성된 것으로 이해해야 한다는 방식이
다. 몇몇 신학자들과 과학 철학자들은 어떻게 세계에 대한 신학적
설명과 과학적 설명이 모두 참일 수 있는지를 이해하기 위해서, 상
보성의 원리를 은유적으로 확장시키려고 시도해 왔다.

상식 철학常識哲學 Common Sense philosophy 종종 '스코틀랜드 상식
철학' 또는 '스코틀랜드 실재론"으로 불리는 것으로, 이 철학적 형
태는 토마스 *리드에게서 유래되었고, 19세기 내내 영국과 북미에
서 유행하였다. 리드는 그가 데이비드 *흄의 *회의론이라고 여겼
던 것에 맞서는 논증을 펼쳤다. 그는 회의론의 기저를 이루는 원리
들이 상식의 원리보다 더 미심쩍다는 점을 보이려고 하였다. 리드
는 말하기를, 의심할 나위 없는 것은 아니지만 상식의 원리는 보편
적으로 알 수 있는 것이며, 실천적 측면에서는 거부할 수 없는 것
이다. 리드와 같은 상식 철학자들은 기억의 신뢰성, 감각 지각의
신뢰성, 기본적인 증언의 신뢰성과 마찬가지로, 도덕과 종교의 기
본 원리들을 통상적으로 옹호했다. **참조.** *실재론.

상징象徵 symbol ***기호** 참조.

생태계 위기生態系危機 ecological crisis 신선한 공기와 물, 동식물의
자연 서식지 등이 꾸준히 악화되는 것으로 드러나는 근대 산업 사
회에 의해 촉발된 비상사태. 역사학자 린 화이트Lynn White, 1907-1987
는 *유신론 종교에 생태계 위기의 뿌리가 있다고 주장하였다. 유
신론 종교는 인간 중심적이며, 인간을 자연 질서의 지배자이자 관
리자로 보기 때문이다. 이에 대한 하나의 응답으로, 몇몇 신학자들
은 *범신론과 *범재신론 *애니미즘 쪽으로 기울고 있다. 그들은 유
신론보다 이러한 신론들이 자연을 더 성스럽게 본다고 주장한다.
유신론자들은 청지기 개념이 논리적으로 환경 파괴를 함축하는 것

이 아니라, 오히려 사람들이 하나님의 창조 세계를 돌봐야 함을 의미한다고 응해 왔다.

서술(유비적, 일의적, 다의적)敍述(類比的, 一意的, 多意的) predication (analogical, univocal, equivocal) 기술적 용어 또는 '술어'를 하나님께 적용하는 것. (많은 사람들이 그렇게 생각하듯) 언어를 유한한 피조물에 적용함으로써 인간의 언어가 그 의미를 얻는다고 가정한다면, 어떻게 그러한 언어들이 하나님께도 적용될 수 있는지에 관한 어려운 문제가 생긴다. 최근에 리처드 *스윈번과 윌리엄 *올스턴은 몇몇 술어가 하나님과 피조물 모두에게 *일의적으로(같은 의미로) 적용될 수 있다고 주장해 왔다. 토마스 *아퀴나스는 긍정적인 언어가 하나님께 적용될 수 있으나, 오직 *유비적으로만 적용될 수 있다고 주장하였다. 그러한 견해에 따르면, 예컨대 우리가 하나님은 선하시다고 말할 때 그 의미가 무엇인지 정확히 알 수는 없다. 다만 그분의 선하심이 피조물의 선함과 닮았다는 것만 알 수 있다(물론 피조물의 선함을 초월하지만). 다의적 서술은 같은 말이 하나님과 피조물에게 각각 다른 의미로 적용되는 것을 말한다(**참조.** *애매한).

선불교禪佛教 *선종을 보라.

선善 the good #좋음 윤리적 승인에 관한 가장 일반적인 용어. 선은 (인간에게 있어) 긍정적인 가치를 지니는 것, 즉 인간의 번영을 구성하는 것 또는 번영에 이바지하는 것이다. '선'에는 다음과 같은 두 가지 의미가 모두 있다. 도덕적 의미로는 *악에 반대되는 것, 그리고 도덕과 무관한 의미로 어떤 측면에서든 나쁜 것에 반대되는 것. 많은 윤리 이론이 선에 관한 이론에 토대를 두고 있다. 예를 들어, *쾌락주의자는 선을 쾌락과 동일시한다. 유신론자들은 보통 어떤 식으로든 선을 최고선이신 하나님과 연결하여 말한다. 플라톤주의자들에게 있어 선은 최고의 이데아로, 그 하나—로부터 모든 존재와 모든 가치가 파생된다. 플라톤주의적 그리스도인들은 자연스레 선과 하나님을 동일시해 왔다. **참조.** *도덕, *윤리학, *플라톤주의.

선종禪宗 Zen Buddhism #선불교 중국에서 시작되어 한국과 일본
에 전파된 *불교의 한 형태. 선종은 대승 불교의 한 종파로, 심원한
esoteric 여러 가르침과 수행을 통해 개인이 성불成佛의 상태에 이를
수 있는 가능성을 드러낸다. 선종의 지지자들이 깨달음의 길은 추
론적으로 서술될 수 없다고 주장하는 것처럼, 선禪의 가르침은 직
접적인 설명을 주지 않는다.

선험적/후험적先驗的/後驗的 a posteriori/a priori #아프리오리/아포스테
리오리 명제나 논증이 감각 경험에 의존하는지(독립적인지) 여부
와 관련하여, 명제나 논증의 논리적 위상을 기술하는 용어. 후험
명제는 감각 경험에 기초하여 알게 된 것이다. 선험 명제는 감각
경험과 무관하게 그 명제가 참인지 여부를 결정할 수 있는 것이다.
대부분의 철학자들은 "모든 총각은 결혼하지 않았다"와 같은 분석
명제analytic proposition의 진리치를 선험적으로 알 수 있다는 점에 대
해 동의한다. 왜냐하면 어떤 경험적 관찰도 이 명제의 진리치에 영
향을 줄 수 없기 때문이다. 그러나 수학적 명제나 형이상학적 명제
(예를 들어, "모든 것의 시작에는 어떤 원인이 있다")가 선험적인
것인지 여부는 논쟁이 되고 있다.

설계 논증設計論證 design argument *목적론적 논증을 보라.

설계 이론設計理論 design theory *지적 설계를 보라.

섭리攝理 providence 하나님께서 피조 세계에 행사하시는 사랑의 돌
보심과 다스리심. 섭리에 대한 고전적 묘사는 *전지하시고, *전능
하시며, 완벽히 *선하신 하나님께 과거와 현재와 미래에 관한 완
전한 지식이 있다는 것과, 모든 사건들이 하나님의 완전한 계획의
일부로서 일어나도록 하나님께서 자신의 능력을 행사하신다는 것
이다. 최근에 어떤 이들은 섭리에 대한 그러한 견해가 인간의 자유
를 공정하게 다루지 않는 것이라고 주장하며, 이를 의문시한다. 수
정된 견해에 따르면, 하나님은 모든 가능성들(경우의 수)을 아시고,
자기 목적의 성취를 반드시 확보하기 위해서 어떻게 반응해야 하

시는지를 아신다. 섭리에서 제기되는 문제는 *예정에서 제기되는 문제 및 하나님의 *예지와 인간의 *자유 의지의 양립 가능성에서 제기되는 문제와 밀접하게 연결되어 있다. **참조.** *주권.

성性 sexuality 남과 여의 차이에 토대를 둔 인간과 동물의 차원. 현대 철학에서 많은 철학자들은 성이 적어도 부분적으로는 문화적 구성물이라고 본다. 따라서 남성됨과 여성됨을 나타내는 인간성의 측면에 있어서 생물학적으로 확정된 것이 없다는 의미로 *젠더라는 용어를 사용한다. *포스트모던 철학자들은 젠더가 일반적으로 인간 문화를 형성하는 인간 자아의 중요한 차원이듯, *철학과 *신학에 있어서도 깊은 부분을 형성하는 인간 자아의 중요한 차원이라고 여긴다. 왜냐하면 무수히 많은 전통 사상들에 무의식적인 남성적 편견이 반영되어 있기 때문이다. **참조.** *가부장제/모권제.

성상聖像 icons 보통 동방 정교회에서 발견되는 그리스도와 성인들의 이미지. 이 용어는 또한 더 넓은 의미로 사용된다. 즉, 하나님을 상상하는 인간의 능력과 그리스도의 형상을 생성하는 인간의 능력을 지칭하기도 한다. **참조.** *하나님의 형상.

성서 무류설聖書無謬說 *무류성 참조.

성서 무오설聖書無誤說 *무오성 참조.

성육신成肉身 incarnation #화신 문자적으로는 '육화'enfleshment 또는 '체화'〔화신〕embodiment. 그리스도교 *신학에서 이 용어는 하나님이 사람(나사렛 예수)이 되신 행위를 가리킨다. '자신을 비우시고' 사람이 되신 분이 성자 하나님—삼위일체의 제2위—인 것과 같이, 성육신은 논리적으로 *삼위일체 교리와 묶여 있다. (**참조.** *케노시스 이론) 성육신은 칼케돈 공의회(451)에서 고전적 공식으로 수용되었다. 즉, 인간이 되신 성자 하나님은 인성에 있어서 '한 분'이시지만, '두 본성'(신과 사람)을 지니신 분이라고 말했다. **참조.** *그리스도론.

성품性品 character 한 인격체의 지적이고 윤리적인 내용을 이루는 특성들을 포괄하는 총체. 성품은 주로 특정한 환경에서 특정한 방식으로 행동하는 기질의 총체이다. 한 사람의 성품을 평가하는 것은 단순히 낱낱의 *행동들을 보는 것이 아니라, 흘러가는 시간 속에서 지속적으로 그 사람 안에 있는 *덕 또는 장점에 초점을 맞추는 것이다.

세계관世界觀 worldview 일관성 있는 방식 내지는 정합적인 방식으로 서로 들어맞는 기초 믿음들 또는 궁극적 믿음들을 포괄적으로 묶은 것. 완전한 세계관은 다음의 질문에 대한 대답을 포함하고 있을 것이다. 어떤 종류의 실재들이 있으며, 무엇이 궁극적인 실재인가? *지식이란 무엇이며, 우리는 어떻게 지식을 얻을 수 있는가? *선이란 무엇이고, 인간에게 있어 선한 삶이란 무엇이며, 사람이 어떻게 그러한 삶을 성취할 수 있는가? *아름다움이란 무엇이며, 아름다움은 실재 및 선과 어떤 관련이 있는가?

세속주의世俗主義 secularism 하나님의 실재를 부인하거나 상관하지 않는 신념 체계, 태도, 또는 삶의 방식. '속세의'worldly를 의미하는 용어에서 유래한 세속주의(명확한 철학적 표현은 세속 인문주의secular humanism이다)는 사물을 유일한 실재로 보고, 사물의 자연적 질서에 초점을 둔다. 그러나 점점 세속주의는 하나님을 믿고 초자연을 믿는다고 주장하는 사람들에게까지도 영향을 미치는 것으로 보인다. 현대 문화의 수많은 요소들은 사람들의 일상에서 하나님이 별로 중요하지 않은 주변적인 부분인 것처럼 여기며 살아가게끔 강제한다.

소망所望 hope *신앙, *사랑과 더불어 그리스도인들의 주된 미덕 중 하나. 소망은 무언가 미래의 선에 대한 긍정적인 기대이다. 현재는 아직 성취되지 않았고 어딘가 불확실성이 있지만, 적어도 선이 실현될 무렵에 대한 것이다. 소망은 *믿음보다 인식론적으로 약해 보인다. 왜냐하면 일어나지 않을 것이라고 믿는 일에 대해서도 소망할 수 있기 때문이다. 몇몇 철학자들은 신앙의 합리성을 더 쉽게 정당화하기 위해서, 신앙의 핵심 요소인 믿음을 소망으로 대체하자고 제시해 왔다.● 그러나 성서에서는 신앙과 소망이 연결된 것

● 믿음을 정당화하기 위해서는 믿을 만한 근거가 있어야 할 것처럼 보인다. 하지만 위에서 언급한 것처럼 믿지 않는 것에 대해서도 '소망'이라는 표현을 쓰기 때문에, 소망은 믿을 만한 근거를 제시하지 않고도 정당화 될 수 있어 보인다.

으로 보인다. 우리가 하나님의 나라의 도래를 소망하는 것은 하나님을 신뢰하기 때문이며, 이러한 신뢰에는 예수 안에서 하나님이 하신 행동에 대한 믿음과 더불어 하나님의 실재와 하나님의 선하심에 대한 믿음이 포함된다.

소크라테스 Socrates 그 Sōkrátēs (470?-399 BC) 가장 중요한 그리스 철학자 중 한 명으로, 철학으로 젊은이들을 타락시킨 죄와 원래의 신들을 인정하지 않고 새로운 것을 전해서 도시의 종교를 뒤흔든다는 죄로 사형을 선고 받은 인물. 소크라테스 자신의 저작은 하나도 없지만, *플라톤이 대화편에서 소크라테스에 대해 묘사함으로써 소크라테스는 철학사에 헤아릴 수 없는 영향력을 미쳐 왔다. 소크라테스는 아테네인들과 매일 대화하면서 통속적인 지혜에 의문을 던지고 도전을 가했다. 자신의 무지를 인정한다는 점, 오직 그 점에 있어서 소크라테스는 다른 동시대인들보다 자신이 더 현명하다고 주장했다. 소크라테스는 '참된 진리는 신들의 소유'라고 말했다. 그는 자신의 철학적 과업을 신이 준 소명으로 여겼으며, 자기 목숨을 구하고자 자신의 활동을 중단하는 일을 거부했다. 현대 세속 철학에서는 비판자 소크라테스를 영웅으로 여기지만, 종교적인 소크라테스(기록을 보면 그는 신의 목소리를 분명하게 들었다. 그리고 다음과 같이 확신했다. "아무것도 선한 사람을 삶에서든 죽음에서든 해칠 수 없다." 왜냐하면 "신들이 선한 사람의 운명에 무관심하지 않기 때문이다.")에 대해서는 별로 언급하지 않는다.

속죄贖罪 atonement 그리스도께서 인간의 죄성으로 생긴 문제들, 특히 *하나님으로부터 멀어진 문제를 해결하셨다는 그리스도교의 교리. 모든 그리스도인들은 속죄의 실현을 단언한다. 하지만 속죄를 설명하는 이론 중 모든 그리스도인들이 보편적으로 받아들이는 이론은 없다. 다수가 받아들이는 이론 중에는 도덕 감화설moral influence theories, 만족설satisfaction theories, 형벌 대속설〔대리 형벌론〕penal substitution theories이 있다. **참조.** *구원, *죄.

솔라 그라티아 sola gratia '오직 은혜'를 뜻하는 라틴어. 이 어구는

*구원은 오직 하나님의 *은혜에 의한 것이며, 구원에 이르는 *신앙조차도 하나님의 은혜로운 활동에 기인한 것이기에, 인간이 칭찬받을 만한 업적으로 볼 수 없다는 종교개혁의 확신을 가리킨다.

솔라 스크립투라 *sola Scriptura* '오직 성경'을 뜻하는 라틴어. 이 어구는 오직 성경만이 교회의 궁극적인 *권위의 역할을 할 수 있다는 종교개혁의 확신을 가리킨다. 엄밀히 말하면, 종교개혁자들은 교회의 *전통에 아무런 가치도 없다고 하며 전통을 배제한 것이 아니라, 교회의 전통이 성경의 가르침에 부수적인 것이라고 주장한 것이다.

솔라 피데 *sola fides* '오직 믿음'을 뜻하는 라틴어. 이 어구는 *구원이 전적으로 *신앙의 결과이며 선행으로는 거둘 수 없다는 종교개혁의 교리를 가리킨다.

숙명론宿命論 fatalism 무슨 일이 일어나든 전부 필연적인 것이며, 따라서 인간의 선택과 노력으로 바꿀 수 없다는 관점. *결정론을 비판하는 사람들은 결정론의 논리적 결과가 숙명론이라고 주장하지만, 대부분의 결정론자들(특히 소위 '약한 결정론자'로 불리는 사람들)은 이러한 주장을 거부한다. 결정론자들은 인간의 선택이 인과적 질서의 일부로서 결과에 영향을 준다는 근거를 든다. 몇몇 '강한 결정론자'들은 무슨 일이 일어나든 전부 필연적인 것이라는 개념을 받아들인다. 그래서 그러한 진리를 인정하는 것이 사람을 염려로부터 자유롭게 하여 마음의 평화로 인도한다고 주장한다.

순전한 기독교純全-基督敎 mere Christianity #단순한- 모든 역사적 그리스도교—동방 정교회, 로마 가톨릭, 개신교—의 분파에서 공유하는 그리스도인의 본질적인 믿음을 나타내기 위해 C. S. *루이스가 사용한 용어(그의 책 제목이기도 하다).● 루이스는 어떤 사람이 '순전한 그리스도인'이 되어야 한다고 생각하지 않았다. 왜냐하면 어떤 그리스도인이든 자신의 신앙에 대해 더 풍부하고 더 구체적인 형태를 주장해야 하기 때문이다. 루이스는 그리스도교의 여

● C. S. 루이스가 리처드 백스터(Richard Baxter)에게서 가져온 표현이다.

러 분파들이 거주를 위해 필요한 방이라면 순전한 기독교는 이 모든 방들이 함께 공유하는 거실이나 현관이라고 보았다. 예를 들어, *속죄에 대한 믿음은 순전한 기독교의 일부이지만, 속죄가 어떻게 발생했는지에 대한 구체적인 이론은 순전한 기독교에 속한 내용이 아니다.

쉐퍼, 프란시스 Schaeffer, Francis (1912-1984) 1960년대와 70년대 젊은 복음주의자들에게 어마어마한 영향을 미쳤던 복음주의 사상가이자, 작가이며, 강연자. 쉐퍼는 성경장로교의Bible Presbyterian 목사였으며, 1948년에 스위스에 선교사로 갔다. 그는 자신의 아내 에디스Edith Schaeffer, 1914-2013와 함께 라브리L'Abri를 개척하여, 유럽과 북미에서 온 젊은이들을 대상으로 사역하였다. 『거기 계시는 하나님』(The God Who Is There: 생명의 말씀사)과 『이성에서의 도피』(Escape from Reason: 생명의 말씀사)와 같은 책은 그의 강연에서 비롯된 것이며, 이 책들을 통해 성경적 그리스도교에 대한 거부의 결과로 서구 문화가 비합리주의로 전락하였다는 자신의 견해를 대중화하였다. 역사에 대한 쉐퍼의 분석은 광범위하여, 예술, 철학, 정치와 같은 다양한 영역을 아우른다. 그는 말년에 낙태가 죄악이라고 한층 더 강조하였다.

슈트라우스, 다비드 프리드리히 Strauss, David Friedrich 독 Strauß (1808-1874) 독일의 성서 고등 비평에서 선구적이며 영향력 있는 작품인 『예수의 생애』(Das Leben Jesu, kritisch bearbeitet, 1835)를 쓴 것으로 가장 잘 알려진 저자. 슈트라우스는 튀빙겐에서 교육 받았으며, 복음 이야기의 초자연적 측면이 비역사적인 신화라고 단도직입적인 방식으로 처음 말한 인물이다. 그는 또한 우리가 본문을 신화로 봐야 본문의 사실성과 형이상학적 의미를 파악하게 된다고 처음 논증한 사람 중 한 명이다. **참조.** *자유주의(신학적).

슐라이어마허, 프리드리히 Schleiermacher, Friedrich (1768-1834) 개신교 자유주의 신학을 전개한 영향력 있는 인물. 슐라이어마허는 *신학의 토대가 성서라기보다는 인간의 의존 경험이라고 보았다.

그는 성서를 그러한 경험의 귀중한 보고로 보았다. *낭만주의에 영향을 받은 슐라이어마허는 종교와 현대 문화를 조화시킴으로써, 종교를 경멸하는 '교육 받은 냉소주의자'cultured despiser에 대항하여 종교를 옹호하려고 하였다. **참조**. *자유주의(신학적).

스미스, 윌프레드 캔트웰 Smith, Wilfred Cantwell (1916-2000) 세계 종교에 대해 다원주의적 견해를 주장한 탁월한 인물 중 한 명. 스미스는 원래 인도에서 활동한 그리스도교 선교사였지만, 모든 위대한 종교들은 각각 하나님께 향하는 길을 나타낸다고 주장하면서, 다른 종교를 신봉하는 사람을 개종시키는 시도에 반대했다. 스미스는 종교를 추상적인 교리의 묶음으로 보지 않았으며, 신자들의 삶에서 '참이 되는' 실천으로 보았다.

스윈번, 리처드 Swinburne, Richard (1934-) *분석 철학 전통에 있는 탁월한 *종교 철학자 중 한 명. 옥스퍼드 대학의 교수였던 스윈번은 다음 세 가지 주요 작업으로 명성을 얻었다. 첫째로 *유신론의 정합성에 대한 옹호, 그 다음으로 하나님의 존재에 대한 개연성 논증, 마지막으로 그리스도인의 *믿음의 합리성에 대한 논증. 그는 *삼위일체, *속죄, *계시를 비롯하여, 줄곧 그리스도교와 특별히 관련된 수많은 주제를 다루어 왔다. 엄밀함과 귀납적 개연성에 의존함에 있어 스윈번의 작업은 주목할 만하다.

스코투스 *둔스 스코투스를 보라.

스콜라 철학-哲學 Scholasticism #스콜라주의 성서와 교회 교부들의 가르침이 그리스 철학과 종합을 이룬 중세의 철학 및 신학 전통. 주요 인물로는 *안셀무스, 토마스 *아퀴나스, 요하네스 *둔스 스코투스, *오컴의 윌리엄 등이 있다. 종교 개혁 이후의 시기에는 개신교 스콜라주의로 알려진 다수의 신학자들이 형식과 내용에 있어서 중세 스콜라 철학과 유사한 방식으로 루터교와 칼뱅주의 사상을 종합하려 했다.

스토아 철학-哲學 Stoicism 고대 그리스와 로마 세계에서 인간의 감정 통제를 강조한 영향력 있는 철학. 스토아 철학은 키프로스의 제론Zēnōn ho Kitieus, 334?-262? BC(제논의 역설로 유명한 엘레아의 제논 Zēnōn ho Eleátēs, 490?-430? BC과 다른 인물임)이 창시하였으며, 시간 이 지남에 따라 발전하였는데, 보통 초기 스토아 철학, 중기 스토 아 철학, 로마의 스토아 철학의 세 시기로 구분한다. 스토아 철학 에 관한 저술 중 남아 있는 것은 대부분 마지막 시기의 것이며, 노 예였던 에픽테토스Epíktētos, 55?-135와 황제였던 마르쿠스 아우렐리 우스Marcus Aurelius, 121-180가 그 시기의 가장 유명한 스토아 철학자 이다. 스토아 철학은 우주가 이성적인 구조를 가지고 있으며, 무슨 일이든 다 필연적으로 일어나는 것이라는 확신으로 특징지어 진 다. 참된 미덕에는 외부에서 일어나는 사건에 대한 수용이 요구된 다. 덕 있는 사람은 우주를 형성하는 이성에 따라 살면서, 대부분 의 사람들이 욕망하기도 하며 두려워하기도 하는 외부의 선과 악 에 개의치 않음으로써 만족을 얻는 사람이다.

스피노자, 바뤼흐 Spinoza, Baruch (1632-1677) #바룩 합리론 전통에 서 가장 중요한 철학자 중 한 명으로, 정통에서 벗어난 견해로 인 해 암스테르담의 유대교 회당에서 제명된 인물. (**참조.** *합리론) 스 피노자는 근본적으로는 오직 하나의 실체만 존재하며, 그것은 우 리에게 정신과 연장이라는 두 가지 속성을 통해 알려져 있으며 정 확히는 하나님 또는 자연을 가리키는 것이라고 주장한 일원론자이 다. (**참조.** *범신론, *일원론) 우리가 자연이 하나님임을 이해한다 면, 우리는 또한 일어나는 모든 일이 *필연적임을 이해하게 된다. 우리가 세계를 영원의 측면에서 보며 일어나는 모든 것이 궁극적 으로 선함을 받아들일 때, 참된 *행복은 하나님에 대한 지적인 사 랑에 있는 것이다. 스피노자는 자명한 공리와 정의로부터 정리를 증명하는 기하학적 방법처럼 철학을 해야 한다고 믿었다.

시간時間 time 세계에서 일어나는 연속적인 사건들이 서로에 대해 서 갖는 관계. '전과 후'와 같은 어떤 관념을 사용하지 않은 채로 이 관계의 본성을 서술하는 것은 불가능해 보인다. 이는 '아무도 내게 시간의 정의를 묻지 않는다면 나는 시간이 무엇인지 안다'는

*아우구스티누스의 유명한 언급을 확증하는 것이다. 철학자들 사이에서는 '시제'tense와 '변화'〔생성; 되어감〕becoming의 실재에 대한 의견이 강하게 엇갈린다. 시간은 우리에게 일련의 '현재들'로 경험된다. '현재들'은 금세 과거가 되며 우리는 미래의 '현재들'을 기대한다. 그러나 많은 철학자들은 시간상의 사건들이란 그저 순서를 갖는 사건일 뿐이며('B계열'B series●), '변화'라고 불릴 수 있는 것은 오직 현상뿐이라고 주장한다. 신학자들은 하나님과 시간의 관계에 대해 서로 의견을 달리해 왔다. 다수를 차지하는 전통적인 신학자들은 하나님이 무시간적으로 존재하신다는 의미에서 영원하다고 주장한다.

식민주의, 온정주의, 제국주의植民主義, 溫情主義, 帝國主義 colonialism, paternalism, imperialism 서양이 우월하다는 태도가 스며들어 있다고 보일 때, 다문화주의자들이 학술 작업에서 사용하는 비판적인 용어. 이런 비난을 받는 관점들은 종종 남성적 영역과도 관련이 있다.

신神 *하나님을 보라.

신국론神國論 *City of God (Against the Pagans)* 라 *De civitate Dei (contra paganos)* #하나님의 도성 히포의 *아우구스티누스가 쓴 고전 작품으로, 413-426년 사이에 썼으며, 인간의 역사를 자기애 위에 세워진 세속 왕국과 하나님의 *은혜 위에 하나님께서 세우신 공동체 society 사이의 투쟁으로 해석한다.

신 명령 이론(들)神命令理論 divine command theories *행동이 옳거나 틀린 이유 중 적어도 하나는 하나님께서 명령하신 것 혹은 금지하신 것이기 때문이라고 주장하는 윤리학 이론. 철학자들은 신 명령 이론을 거부하려는 경향이 있는데, 이 이론이 윤리적 의무를 임의적으로 만든다고 주장하여 거부하거나, 도덕적 *자율과 양립할 수 없다고 주장하여 거부한다. (**참조.** *에우튀프론 딜레마) 그러나 로

● 맥타카트는 시간 이론을 A계열과 B계열로 구분하였다. 시간을 과거-현재-미래로 구분하여 시제의 실재를 주장하는 것이 A계열의 시간 이론이며, 시제의 실재를 부정하며 사건의 전후 관계로만 시간을 구분하는 것이 B계열의 시간 이론이다.

버트 아담스Robert Merrihew Adams, 1937-나 필립 퀸Philip L. Quinn, 1940-
2004과 같은 철학자들은 이러한 비판에 맞서 신 명령 이론을 설득
력 있게 옹호하여 왔다.

신비神祕 mystery 인간 *이성의 이해를 뛰어넘는 것. *신학에서 신
앙의 신비는 진리를 드러낸다. 그것은 어쩌면 인간이 기대한 바와
는 반대될 수도 있을 것이다. 하지만 신앙의 신비는 이성을 초월하
지만 이성과 반대되는 것은 아니라고 여겨진다.

신비주의神祕主義 mysticism 인간의 *이성과 감각 *지각의 한계를 초
월하는 경험적 지식을 얻을 수 있다는 견해. (일반적 사실로서) 종
교 전통과 관련하여, 신비주의자는 *형언 불가하다고 종종 주장되
는 특정한 경험을 통해서 하나님이나 궁극적 실재에 대한 깨달음을
얻을 수 있다고 주장한다. 유신론자들은 그러한 경험이 하나님과의
특별한 친밀감 또는 하나됨을 가능케 하는 것이라고 해석한다. 그
러나 유신론자들은 그러한 경험 가운데 신비주의자 자신이 하나님
과 다르지 않음을 깨닫게 된다는 *일원론적 주장은 부인한다.

신앙信仰 faith 그리스도교에서 하나님을 신뢰하는 태도로, 하나님
과 그분의 선하심에 대한 *믿음을 비롯하여 하나님과의 올바른 관
계에 핵심적인 것. 많은 신학자들이 신앙을 신뢰, 명제적 믿음, 순
종함으로 행하려는 마음을 비롯하여 다양한 차원을 포괄하는 것으
로 여긴다. 더 느슨하게는 종교적 헌신이나 심지어 세속적 헌신까
지 통틀어서 신앙이라는 용어를 사용하기도 한다. 예를 들면 정신
분석에 대한 신앙이 있는 사람, 마르크스주의에 대한 신앙이 있는
사람에게도 '신앙'이란 말이 사용된다. 또한 '세계의 주요 신앙들'
이란 표현에서와 같이 종교와 동의어로도 사용된다.

신앙의 유비信仰-類比 analogy of faith 성서의 해석이 *신앙에 의해 결
정되어야 한다는 견해. *아우구스티누스에게 있어 이것이 의미하
는 바는 성서가 '신앙 규범'(신조 안에 새겨져 있는 교회의 가르침)
이라는 면에서 해석되어야 한다는 것이다. 마르틴 *루터에게 있어
신앙의 유비는 그리스도의 위격과 연결되어 있다. 구체적으로 말하

면, 모든 성서가 그리스도를 증거하는 방식으로 해석되어야 한다는 것이다. 장 *칼뱅에게 있어 이 원리는 성서 해석이 성서에 영감을 준 성령에 의해 이루어져야 함을 시사한다. 이 모두에게 있어, 성서의 어떤 부분은 다른 부분보다 더 분명하고 명확하며, 더 명확한 부분을 사용하여 덜 명확한 부분을 해석한다. **참조.** *해석학.

신앙주의信仰主義 fideism *신앙을 *이성보다 우위에 두는 관점. 이를 비판하는 사람들은 이 단어를 종종 오용하여, 비이성주의의 한 형태로 여겨지는 관점을 지칭하기 위해 사용한다. *테르툴리아누스와 쇠얀 *키에르케고어는 종종 신앙주의자로 언급된다.

신의 속성神-屬性 divine attributes **하나님의 속성**을 보라.

신인동형론神人同形論 anthropomorphism #의인화 인간이 다른 존재들을 자기 자신들과 유사하게 보는 경향(의인화). 그래서 간혹 사람들은 자신의 애완동물을 너무 사람과 같은 식으로 보곤 한다. *종교 철학에서는 종종 이 용어에 비판적인 태도를 담아서, *하나님을 유한한 인간과 너무 비슷하게 보이도록 만드는 관점을 언급할 때 사용한다(신인동형론). 루트비히 *포이어바흐는 모든 신학이 인간화된 것이라고 주장한다. 왜냐하면 포이어바흐에게 있어 하나님은 본질적으로 인간이 실현하지 못한 가능성을 투영한 것이기 때문이다.

신정론神正論 theodicy #변신론 #신의론 하나님께서 악을 허용하시는 이유를 설명함으로써 '인간을 대하시는 하나님의 방식을 정당화'하려고 시도하는 *악의 문제에 대한 응답. 보다 중요한 두 종류의 신정론이 있는데 하나는 '영혼-형성 신정론'soul-making theodicy이며, 다른 하나는 '자유 의지 신정론'free will theodicy이다. 영혼-형성 신정론은 인간에게 어떤 바람직한 덕의 개발이 가능하게 하기 위해서 하나님이 악을 허용하신다는 논증이다. 자유 의지 신정론은 하나님께서 인간(그리고 천사와 같은 존재)에게 *자유 의지를 주기 원하셨다면, 악의 가능성 또한 허용하셔야 했다는 논증이다. 신정론은 우리가 그 이유를 알지 못하더라도 하나님께서 악을 허용하시는 데에는 이유가 있다는 믿음이 합리적일 수 있다고 논증하는 방어적 논증과 종종 구별된다.

신정통주의新正統主義 neo-orthodoxy 칼 *바르트와 에밀 *브룬너 같은 개신교 신학자와 관련된 20세기 초·중반의 신학적 운동. 신정통주의는 *자유주의가 하나님의 *초월성과 신적 *계시의 중요성을 약화시킨다고 비판하였다. 신정통주의 신학자들은 하나님의 주권과 인간의 자유와 같이 대조적인 강조점을 긴장 속에서 동시에 고수하는 변증법적 신학을 자주 주장하였다.

신 존재 논증(증명)神存在論證(證明) theistic arguments 유신론자들이 생각하는 하나님으로서의 신의 존재에 관한 논증. (**참조.** *유신론) 아마도 이러한 논증은 하나님이 존재한다는 믿음의 확률 내지 개연성을 높이거나 확고히 하기 위한 증명으로 의도된 것이거나 또는 그저 논증으로 의도된 것이다. 몇몇 가장 중요한 신 존재 논증에는 *존재론적 논증, *우주론적 논증, *목적론적 논증, *도덕적 논증이 포함된다.

신플라톤주의新-主義 Neo-Platonism 대략 *플라톤에게 영감을 받은 헬레니즘 *철학 학파 중 하나. *플로티노스는 매우 독창적인 인물이자 신플라톤주의를 대표하는 가장 유명한 사람이다. 신플라톤주의는 모든 실재가 선의 형상인 일자—者로부터 일련의 위계를 거쳐 유출된다는 점과 다시 일자에게로 돌아가도록 되어 있다는 점을 강조한다. 물질을 경시하고 금욕적 실천을 함양하는 이 철학의 경향성은 수많은 교회 교부들에게 강한 영향을 미쳤다. **참조.** *관념론, *존재의 사슬.

신학神學 theology 체계적으로 정리된 *하나님에 대한 연구 및 하나님과 그 피조물의 관계에 대한 연구. 신학에는 여러 다양한 유형이 있다. *철학적 신학은 어떤 특정한 *계시나 교회의 가르침에 대한 권위를 상정하지 않은 채, 하나님에 대해 알려질 수 있는 것을 파악하려는 시도이다. 성서 신학은 성서 본문에 대한 연구로부터 신학을 발전시키는 시도로, 신약 신학, 바울 신학, 마가 신학 등등의 더 구체적인 형태로 행해진다. 조직신학은 성서 신학과 철학적 신학 모두를 이용하여 하나님에 대해, 그리고 하나님과 세계의 관계에 대해 포괄적인 설명을 발전시킨다. 교의 신학은 교회의 가르침(또는 *교의) 또는 어떤 특정 개교회의 가르침에 입각하여 신학을 하는 시도이다.

실용주의實用主義 pragmatism 생각과 *믿음을 *행동에 미칠 영향과 관련하여 보는 철학적 운동. 의미에 관한 실용주의 이론은 *진리에 관한 실용주의 이론과 구별되어야 한다. 실용주의 진리론은 진리를 실재에 대응하는 것으로 보는 *진리 대응론을 거부하는 것이다. 실용주의는 미국에서 찰스 샌더스 *퍼스, 윌리엄 *제임스, 존 *듀이에 의해 개발되었다. 실용주의는 *경험론의 한 형태지만, 경험을 감각들로 구성된 것으로 보기보다는 *자아와 환경 사이의 역동적인 상호 작용의 한 형태로 본다. 최근에 실용주의는 리처드 *로티에 의해서 *포스트모던적 방식으로 해석되고 다시 살아나고 있다.

실재론實在論 realism 인간의 인식과 독립적으로 존재하는 실재적 존재가 있다는 믿음. 실재론에는 여러 유형이 있는데, 이론의 범위 및 *반실재론적 입장과 대조되는 범위에 따라서 그 유형이 달라진다. 반실재론의 한 유형으로는 *관념론이 있다. 반실재론자들은 아마도, 예컨대 조지 *버클리와 같이 "존재하는 것은 지각된 것이다"*esse est percipi*라고 주장할 것이다. 따라서 지각되지 않는다면 물리적 대상들도 존재하지 않는 것이다. (하지만 버클리는 다음과 같이 주장했다는 점에서 실재론자의 한 유형으로도 이해될 수 있다. 즉 버클리는 주장하기를, 하나님은 언제나 대상들을 지각하며 현존하시기에, 인간에게 지각되지 않은 존재자들이 실제로 존재하는 근거가 되신다.) 현대 세계에서 인기 있는 반실재론의 한 형태는 다음과 같은 것이다. 세계 내 대상에 대해 참인 명제는 그 대상을 이해하기 위해 사용하는 인간의 개념에 의존한다. 따라서 세계에 대해 참인 것은 우리 인간이 세계에 대해 생각하는 방식에 어느 정도 의존한다. 실재론(그리고 그 경쟁 상대인 반실재론)은 구체적인 영역에 따라 제한될 수도 있다. 따라서 어떤 사람이 쿼크 입자와 같이 관찰 불가능한 과학상의 실체들에 대해서는 실재론자이면서, 집합이나 수數와 같은 추상적인 논리상의 실체들에 대해서는 반실재론자일 수도 있다.

실존주의實存主義 existentialism 인간의 선택이 인간의 실존을 구성한다는 점을 강조했던 제2차 세계대전 이후에 유행한 일군의 철학. 실존주의자들은 자신들의 신념 체계에 있어서는 일치하지 않았으나, 자기 자신의 행위를 통해 자신을 정의해 나가는 개별적 책임과 관련하는 자유, 불안, 그리고 인간이 처한 상황의 부조리함을 강조하는 공통적 경향을 가지고 있다. 실존주의는 19세기의 사상가 쇠얀 *키에르케고어와 프리드리히 *니체에게 영감을 받았지만, 이 두 철학자는 실존주의로 통하는 것을 별로 지지하지 않았을 것이다. 실존주의에는 무신론적 형태(장 폴 *사르트르, 알베르 *카뮈)와 종교적 형태(마틴 *부버, 가브리엘-오노레 *마르셀)가 있지만, 실존주의라고 하면 대중들의 마음에는 무신론적인 것으로 비춰진다.

실증주의實證主義 positivism 진정한 *지식을 소위 실증 학문—감각 경험으로부터 얻은 증거를 기초로 한다고 여겨지는 학문—으로 제한하는 경험론적 철학. 따라서 실증주의자들은 직접 관찰될 수 없는 것에 대해 회의하는 경향이 있다. 19세기의 실증주의는 오귀스트 콩트Auguste Comte, 1798-1857와 존 스튜어트 밀John Stuart Mill, 1806-1873과 관련된다. 20세기의 경험론적 사상은 *논리 실증주의를 형성한 기호 논리학의 분석 기술과 관련된다. **참조.** *경험론.

실체實體 substance 철학에서 객관적인 존재로서 독립적으로 존재하는 것. 따라서 실체는 속성과 구별된다. 속성은 실체가 가지고 있거나 실체에 종속된 것이어야 한다. 예컨대 강아지의 실체는 강아지의 색깔과 같이 강아지가 지닌 속성과 구별된다. 실체substance는 라틴어 수브스탄티아substantia에서 유래된 것이지만, 여러 그리스어와 라틴어 단어가 실체로 번역되고 있으며, 이로 인해 신학에서 수많은 혼란이 발생한다. 일반적으로 *삼위일체 교리는 하나님이 삼위three persons안에 그러나 오직 하나의 실체로 존재하신다는 믿음으로 진술된다. 몇몇 그리스도교 철학자들은 하나님을 하나의 실체로 볼 수 없다고 논증한다. 왜냐하면 실체라는 용어는 그 성격이 너무 정적이기도 하고, 유한한 피조물에게 주로 적용되는 용어이기 때문이다. 또 다른 이들은 엄밀히 말해 아무것도 하나님과 독립적으로 존재할 수 없다는 이유로 실체라는 범주 자체를 완전히 거부한다. 그러나 이러한 관점(후자)은 바뤼흐 *스피노자의 *범신론에 가깝게 기울어질 수 있는 위험이 내재되어 있다.

심신 문제心身問題 mind-body problem 마음의 본성 및 마음-신체의 관계에 대한 형이상학적 문제. 심신 문제는 주요 신비의 하나로 남아 있는데, 아르투어 쇼펜하우어Arthur Schopenhauer, 1788-1860는 이를 '세계의 매듭'Weltknoten이라고 불렀다. 왜냐하면 이것이 철학의 수많은 핵심 문제들과 묶여 있기 때문이다. 오늘날 대부분의 세속 철학자들은 몇몇 형태의 *유물론을 옹호하기에, 마음 또는 영혼이 몸과 분리된 비물질적인 실체로 존재한다는 점을 거부한다. 그러나 유물론의 형태가 성공적인지에 대한 점이나, 아니면 유물론이 *의식과 '지향성'이나 정신 상태의 관계적 차원(믿음, 소망, 두려움과 같은 정신 상태의 능력이 내가 하나님의 존재를 믿거나 재림을 소망할 때처럼 무언가 다른 것과 관계하는 것)에 대해 어떻게 설명할 수 있는가 하는 점에 대해서는 의견이 거의 일치하지 않는다. *죽음 이후의 삶을 확언하는 전통적인 종교적 관점은 보통 몇몇 형태의 *이원론을 택해 왔다. 이러한 이원론에서는 (영혼이나 마음에 대한 개념들에 근거한) 육체 없는 사후 세계와, 영혼이 새로운 몸에 생기가 되어 부활하는 사후 세계가 모두 가능해 보인다. 부활이 있는 사후 세계와 유물론을 동시에 고수하는 사람들은 죽은 몸과 새로운 몸이 동일하다는 미심쩍은 주장을 고수해야 한다.

아가페주의-主義 agapism *사랑을 아가페agápē('이웃'에 대한 자기희생적 사랑)로 보는 그리스도교적 이해에 중점을 두는 윤리 전통의 한 형태. 이때 아가페는 필리아*philia*(우정으로서의 사랑) 및 에로스*érōs*(낭만적인 사랑과 같은 욕망이 수반되는 사랑)와 구별된다. 아가페주의는 신약 성서에서 사랑에 중점을 두는 것과 더불어, 마태복음 22:37-40의 위대한 사랑 계명에 초점을 둔다. 그리스도교 전통에서 이 주제에 대해 오랜 기간 숙고해왔음에도, 엔더스 니그렌의 『아가페와 에로스』(*Agape and eros*, 1930; CH북스)가 *윤리학에서 20세기의 아가페주의를 보여주는 독창적인 작품으로 평가 받는다. 물론 이에 대한 많은 비평도 있었다.

아드바이타 베단타 Advaita Vedānta #아드와이따 베단따 #불이론적 베단타 힌두교 신학 또는 베단타의 불이론적不二論的 형태. 아드바이타 베단타에 따르면, 궁극적인 실재는 하나이다.● 즉, 브라흐만梵; *Brahman*이라는 궁극적이고 신적인 통일체이다. 그리고 브라흐만은 언어적 서술을 넘어선다. 인간 영혼 또는 아트만我; *Ātman*은 이 신적인 실재와 동일한 것이다. 깨달음 또는 구원은 이러한 하나됨의 실현을 수반한다. 현상의 차원에서 세계 안에 있는 대상은 자아 및 인격신 같은 것들과 별개로 보인다. 아드바이타 베단타에 따르면, 성스러운 힌두교의 문서인 우파니샤드*Upaniṣad*는 그러한 구분이 형이상학적으로 궁극적인 것이 아니라고 가르친다. **참조.** *일원론, *힌두교.

아르미니우스주의 Arminianism #알미니안주의 네덜란드의 신학자이자 목사인 야코부스 아르미니우스*Jacobus Arminius*, 1560-1609의 사상에서 영감을 받은 그리스도교 교리 체계. 아르미니우스는 구원에 있어서 *하나님의 택하심이 인간의 자유로운 선택에 대한 그분의 *예지에 조건 지어져 있다고 가르쳤다. 아르미니우스는 자신이 장 *칼뱅의 추종자라고 생각했지만, 그의 관점은 도르트 회의Reformed Synod of Dordt에서 거부당했다. 인간의 *자유 의지와 인간을

● 아드바이타 베단타의 창시자인 상카라는 궁극적 실재에 대해 적극적으로 기술할 수 없기 때문에 그것을 일자로 규정짓는 것을 거부한다. 따라서 아드바이타를 일원론으로 번역하는 것은 어떤 의미에서는 무리일 수도 있다(라다크리슈난, 『인도철학사IV』; 뿔리간들라, 『인도철학』 참조).

택하시는 하나님의 *은혜 사이의 관계는 수많은 기독교 교파들 안에서 여전히 뜨겁게 논쟁 중인데, 자유 의지를 강조하는 사람들에게 종종 아르미니우스주의자라는 딱지를 붙인다.

아름다움 beauty #미(美) 오늘날 주로 미학적 가치의 기본적인 한 형태로 생각되는 것. 자연이나 예술 작품이 이를 잘 드러내는 대표적인 예다. 중세 사람들은 (선함이나 통일성과 마찬가지로) 아름다움이 초월적인 속성 중 하나이며, 존재의 모든 것에 적용된다고 생각했다. 플라톤의 『향연』(*Sympósion*: 이제이북스)에 영향을 받은 오랜 신학 전통에서는 하나님이 모든 아름다움의 원천이며, 심지어 아름다움 그 자체와 동일시될 수 있다고 주장한다. 중세 이후의 신학자 중, 조나단 *에드워즈는 하나님과 아름다움 사이의 관계를 아주 강조했다.

아리스토텔레스 Aristotle 그 Aristotélēs (384-322 BC) 고대 그리스의 가장 유명한 철학자 중 한 사람. 아리스토텔레스는 *플라톤의 학생이었지만, 초월적인 형상에 관한 플라톤의 학설을 거부하였다. 그 대신 그는 보편적 속성이, 그가 형상form●과 질료matter●●의 종합으로 이해한 개별적인 것들 안에 존재한다고 주장하였다. 아리스토텔레스는 논리학을 발명하였는데, 그것은 형식적인 규칙으로 구성된 것이다. 또한 *형이상학, *윤리학과 오늘날 자연 *과학으로 분류되는 수많은 것들(생물학, 물리학 등)을 포함하여, 광범위한 주제의 저술을 남겼다. 아리스토텔레스의 추종자들은 간혹 소요학파Peripatetic school로도 불린다. 이는 아리스토텔레스가 리케이온 *Lýkeion* 주변을 산책하며 강의했던 습관 때문이다. 리케이온은 아테네에 있는 아리스토텔레스의 철학학교이다.

아베로에스 Averroës *이븐 루시드를 보라.

아벨라르, 피에르 Abelard, Peter 프 Abélard, Pierre (1079-1142) 논리학과 언어 철학에 중요한 기여를 했으며, *삼위일체와 *속죄와 같은

● 예컨대 사과의 형상은 어떤 질료가 사과이게끔 하는 특성이다. ●● 순수 물질.

그리스도교 교리에도 주목할 만한 해설을 내놓은 프랑스의 스콜라 철학자이자 신학자. 아벨라르는 엘로이즈Héloïse, 1090?-1164와의 비극적인 사랑으로도 유명하다(1117?). 그는 중세 철학자 중에서 *아리스토텔레스의 『명제론』(On Interpretation; 그 Perì Hermeneías; 이제이북스)을 처음으로 활용하였다.

아비센나 Avicenna *이븐 시나를 보라.

아우구스티누스 Augustine, St. 라 Augustinus (354-430) #어거스틴 철학자이자 신학자, 그리고 라틴(서방) 교회에서 가장 유명하고 가장 영향력을 많이 끼친 교부. 아우구스티누스는 회심 이후(그의 회심은 『고백록』(Confessiones: 대한기독교서회)에 잘 묘사되어 있다) 사제가 되었고, 곧이어 북아프리카에 있는 히포의 주교가 되었다. 그가 쓴 가장 유명한 저서로는 『삼위일체론』(De Trinitate: 분도출판사), 『신국론』(De civitate Dei: 분도출판사) 등이 있다. 그는 『신국론』에서 인간의 역사를 두 왕국(인간의 도성과 하나님의 도성) 사이에 진행 중인 투쟁으로 묘사하였다. 아우구스티누스는 그리스도교적 플라톤주의 전통에 걸출한 역할을 했으며, 그의 사상은 중세의 스콜라 철학자들과 개신교 종교개혁자들 모두에게 막대한 영향력을 미쳤다.

아퀴나스, 토마스 Aquinas, St. Thomas (1225-1274) 가장 유명하고 가장 큰 영향력을 끼친 중세 철학자이자 신학자. 아퀴나스는 그리스도교 신학과 *아리스토텔레스의 철학을 종합한 것으로 유명하다. 그의 일반적인 접근 방식은 중요한 격언으로 요약된다. "은혜는 자연을 전제하고, 자연을 완성한다." 그는 다섯 가지 방식의 *신 존재 증명으로 가장 유명하다. 예를 들면, 움직임, 설계와 같은 것들의 제1원인으로서의 신 존재 증명, 자연 세계의 우연적 존재들의 원인인 *필연적 존재로서의 신 존재 증명이다. 아퀴나스의 저술은 *윤리학과 정치 이론을 비롯하여 신학과 철학의 주제들을 포괄적으로 묶어서 풍성한 사고를 전개하고 있다. 아퀴나스는 자연적 이성이 *하나님의 존재를 증명할 수 있다고 믿었지만, 그렇다고 이 생에서 이성만으로 하나님의 본질을 충분히 알 수 있다고 생각하지는 않았다. 아퀴나스는 그리스도인에게 있어 본질적인 여러 신념들은 반드시 신앙 위에서 받아들여진다고 단언하였다. 왜냐하면 하나님께서 그러한 신념들을 계시하시기 때문이다.

아포스테리오리 *선험적/후험적을 보라.

아프리오리 *선험적/후험적을 보라.

악령惡靈 demons #귀신 전통적인 관점에 따르면, 하나님이 창조하셨지만 하나님께 반역해 온 영적 존재들로, 자신들의 지도자인 사탄의 동역자들이다. 많은 자유주의 신학자들은 악령에 대한 이야기를 악의 권능을 상징적으로 말하기 위한 하나의 방법으로 여긴다. 신약 성서는 예수님 또는 그의 제자들이 사람에게서 악령을 쫓아낸 많은 예를 담고 있다. 오늘날 많은 성서학자들이 이러한 자료를 역사적인 것으로 받아들이지만, 악령이 존재론적으로 존재한다는 점을 반대하는 사람들은 귀신들린 상태를 정신 질환의 형태로 설명하고, 귀신을 쫓아낸 이야기를 심신의학적 치료 사례로 간주한다. **참조.** *악의 본성, *천사.

악의 문제惡-問題 problem of evil 완전히 선하시고 전능하신 하나님이 창조하신 세계에 *악(도덕적인 악과 자연적인 악 모두)이 존재한다는 점으로 인해 제기되는 어려움. 몇몇 무신론자들은 다음과 같이 주장한다. 만약 완전히 선하시고 전능하신 하나님이 존재한다면, 악이 없을 것이다. 왜냐하면 하나님은 악을 제거하기를 원하시고, 또 제거하실 수 있기 때문이다. 악은 논리적으로 하나님의 실재와 양립할 수 없다는 논증은 논리적 또는 연역적 형식으로 문제를 구성한다. 악이 하나님의 존재의 개연성을 없애거나 떨어뜨린다는 논증은 해당 문제에 대한 증거적 형식 또는 개연적 형식으로 불린다. 이 문제에 대한 응답으로는 신정론이 있다. 신정론은 하나님이 왜 악을 허용하시는지를 설명하려는 시도이며, 보통 다음과 같은 방식으로 구성된다. 악을 통해 이루어진 몇몇 더 큰 선에 대해 명시하는 방식. 우리가 그 이유를 모른다 하더라도 하나님께서 악을 허용하시는 것이 정당하다는 점을 믿는 것이 합리적일 수 있다는 논증. **참조.** *신정론, *자유 의지 옹호론.

악의 본성惡-本性 nature of evil　*선과 반대되는 것의 특성. 그리스
도인들은 하나님의 목적에 반대되는 것을 악으로 생각한다. 대부
분의 그리스도교 신학자들은 악이 적극적인 것이나 실체가 아니
라, 하나님의 창조물의 결함 또는 손상으로 이해해야 한다고 주장
해 왔다. 악이 실체가 아니더라도, 자유로운 행위자의 행동에 뿌리
를 두고 있다는 점에서는 적극적이고 능동적인 특성을 지닌다. 따
라서 악의 특성에 관한 문제는 인간이 지닌 자유의 본성에 관한 문
제, 그러한 피조물과 창조주와의 관계에 대한 문제와 밀접하게 연
결되어 있다.

안셀무스 Anselm, St. 라 Anselmus 이 Anselmo (1033-1109)　안셀무스
는 캔터베리 대주교였으며, 하나님의 존재에 대한 *존재론적 논
증(증명)을 고안한 것과(『프로슬로기온』*Proslogion*: 한들, 아카넷) *속죄
교리에 대한 그의 고전적 공식화로 유명하다(『인간이 되신 하나
님』*Cur Deus homo*; 한들(원제목의 의미는 "왜 하나님은 인간이 되셨나?"이다)). 그의
속죄 교리는 그리스도께서 인간의 *죄를 위한 만족을 제공하신
것으로 본다. 또한 안셀무스는 아우구스티누스의 추종자로, '이해
를 추구하는 신앙'faith seeking understanding: 라 *credo ut intelligam*의 전통
을 이어갔다.

안티테제 *반정립을 보라.

암묵적 지식暗默的 知識 tacit knowledge　사람들이 가지고 있으나 분명
히 표현하지는 못한 일종의 배후 지식을 묘사하기 위해 과학 철학
자 마이클 *폴라니가 사용한 용어. 폴라니는 종종 철학자들도 소
홀히 하는 이러한 종류의 지식이 *과학을 비롯한 다른 많은 영역
에서 본질적이라고 주장하였다. 암묵적 지식은 대개 공동체에 속
해 있으면서 얻게 되며, 종종 '이론적 앎'knowing that에 대조되는 '실
천적 앎'knowing how●과 연관된다.

● 이는 영국 철학자 길버트 라일이 구분한 것이다.

애니미즘 animism #정령 신앙 모든 자연 세계에 영적인 능력 또는
힘이 깃들어 있어서, 그것들이 모든 자연 세계를 통제한다고 보는
세계관. 따라서 정령 신앙자는 영이 인간이나 동물들에게만 있는
것이 아니라, 나무의 영, 강의 영 등등 자연계의 모든 존재에 영이
있다고 본다.

애매한曖昧-• equivocal #다의적 어떤 용어가 논증 과정에서 하나 이
상의 의미로 사용될 때, 그 용어의 상태를 묘사하는 형용사. 그래
서 그러한 논증은 애매어 사용의 오류fallacy of equivocation라는 논리
적 오류를 범하고 있는 것이다. 애매어 사용과 관련하여 다음과 같
은 우스운 예가 있다. "나는 당신을 사랑합니다. 따라서 나는 사랑
하는 사람a lover입니다. 세상의 모두all the world가 사랑하는 사람(애
인)a lover을 사랑합니다. 당신은 나에게 있어 세상의 모든 것all the
world입니다. 따라서 당신은 나를 사랑합니다." **참조.** *서술(유비적,
일의적, 다의적), *유비적 서술, *일의적.

약한 결정론弱-決定論 soft determinism ***양립 가능론** 참조.

양립 가능론兩立可能論 compatibilism 행동에 관한 철학에서, 인과적
*결정론이 *자유 의지와 논리적으로 양립할 수 있다는 관점. 결정
론과 자유 의지 모두를 받아들이는 양립 가능론을 약한 결정론soft
determinism이라고 부른다. 보통 양립 가능론자들은 자유 의지를 어
떤 외부적 힘에 의해 강제된 것이 아니라, 개인 자신의 욕망과 바
람에 의해 야기된 *행동으로 정의한다. 진짜 자유 의지라면 달리
할 수 있는 가능성이 반드시 있어야 하는 것으로 보이는데, 양립
가능론자들은 이러한 달리 할 수 있는 가능성이 인격체 안에 관념
으로 존재하고 있다고 이해한다. 예를 들어, 어떤 사람이 자선 단

● equivocal은 '애매한(다의적)' 또는 '모호한'으로 번역된다. 보통은 ambiguous(애
매한)와 구별하여 '모호한'으로 번역한다. 그러나 fallacy of equivocation(애매어 사
용의 오류)에서는 '애매(어)'로 번역하며, 본문이 이에 해당한다. 철학에서 '애매'는
둘 이상의 의미가 있다는 뜻이며(예. 그 말은 좋다는 말인지 나쁘다는 말인지 애매
하게 들린다). '모호'는 경계가 불분명하다는 뜻이다(예. 정확히 어디부터가 산인지
경계가 모호하다).

체에 자유롭게 돈을 기부하였는데, 만약 그 사람이 기부하지 않기를 원했다면 혹은 상황이 달랐다면, 그 사람은 돈을 기부하지 않았을 수도 있다. 양립 가능론의 비판자들은 선택의 시기에 실제로 가능한 하나 이상의 가능성을 가지고 있어야 진정한 자유이고, 단순히 열려 있는 가능성만으로는 진정한 자유가 아니라고 주장한다.

양심良心 conscience 도덕적 관점에서 행위를 승인하거나 반대하는 기능. 조지프 *버틀러는 양심을 (신이 심어 놓은 기능으로 이해하였으며) 자신의 도덕 이론의 중심 항목으로 삼았다. 버틀러는 주장하기를, 길게 봤을 때 양심을 따르는 것이 실제로 모든 사람에게 최선의 결과로 이어지긴 하지만, 양심의 권위는 결과에 기초하지 않고 그 자체로 최상위에 있는 것이다. 중세 기간에 많은 사상가들은 양심을 도덕적 질서를 파악하기 위한 자연적인 인간의 능력으로 보았다. 그러나 토마스 *아퀴나스는 그러한 능력을 양심과 구별하여 '양지양능'良知良能; synderesis으로 묘사하였다. 양지양능은 특정 상황에 도덕 원리를 적용할 수 있는 능력이다. **참조.** *도덕.

어거스틴 Augustine *아우구스티누스를 보라.

언약言約 covenant #계약 둘 혹은 그 이상의 당사자 사이에 서로 구속력이 있는 관계. 언약 관계는 단순한 계약 관계를 넘어서는 것으로, 당사자 간의 진실한 유대로 형성된 것이다. 신학에서 언약은 인간과 진정한 관계를 세우시는 하나님의 은혜로운 행위를 지칭한다. 개혁주의 전통에 선 신학자들은 성서 이야기를 이해하려는 시도 속에서 언약 개념과 언약 백성을 특히 강조한다.

언어 이론, 종교言語理論, 宗教 language, religious (theories of) 초월적인 하나님에 대한 정보를 언급하거나 전달함에 있어 어떻게 인간의 언어가 의미 있게 사용될 수 있을까 하는 점에 대한 설명. 중세 시대의 사상가들은 정교한 유비 이론을 개발하였다. (**참조.** *유비적 서술) 20세기 중반에 *논리 실증주의자들은 종교 언어에 인지적 의미가 있는가 하는 점에 대해 도전하였고, 그러한 언어의 검증 가능성 또는 반증 가능성에 관한 논의에 영감을 주었다. 20세기 후

반에는 '언어 게임'language games에 대한 루트비히 *비트겐슈타인의
작업이 종교 언어의 독특한 특성 및 종교 언어와 삶의 다양한 형태
의 관계에 대한 관심을 불러일으키게 만들었다.

에드워즈, 조나단 Edwards, Jonathan (1703-1758) *계몽주의의 과학
적, 철학적 발상을 역사적 칼뱅주의와 종합한 미국의 철학자이자
신학자. 에드워즈의 사상은 다음과 같은 것들에 헌신한 점에서 구
별된다. 조지 *버클리의 *관념론, *자유와 *결정론에 있어서 *양
립 가능론, '참된 *아름다움'을 이루는 '존재에 대한 사심 없는 사
랑'을 *하나님의 거룩함으로 보는 흥미로운 관점. 이러한 측면에서
에드워즈는 종교적 *진리를 얻기 위해서는 *아름다움에 대한 사랑
이 있어야 한다고 믿었다. 따라서 그는 종교 감정론 또는 정서론을
개발하는 데 많은 관심을 기울였다. 또한 에드워즈는 북아메리카
부흥 운동의 초석을 놓은 사람 중 한 명이라는 점에서도 중요하다.

에우튀프론 딜레마(문제)-(問題) Euthyphro dilemma 플라톤의 대화
편 『에우튀프론』(Euthýphrōn: 이제이북스)에 나오는 논증에서 영감을 얻
은 딜레마로, *윤리학에서 *신 명령 이론을 약화시키는 입장으로
간주된다. 하나님께서 어떤 행동을 명령하셨기 때문에 그 행동이
옳은 것인지, 아니면 특정한 행동이 옳기 때문에 하나님께서 그러
한 행동을 명하신 것인지가 핵심 문제다. 전자를 선택하게 되면,
도덕적 옳음이 하나님의 임의적 결정에 근거하게 된다고 주장하는
것이다. 그렇다면 하나님이 옳다고(의롭다고) 찬양하는 것은 무의
미해 질 것이다. 딜레마에서 두 번째 뿔〔선택지〕horn을 선택하면, 옳
은 것이 하나님의 명령과 별개로 보이게 된다.

에코 페미니즘 ecofeminism 환경에 대한 관심 부족이 가부장적 태
도에 근거한다는 관점으로, 가부장적 태도에는 인간과 자연을 분
리시키고 자연을 인간이 사용하고 관리해야 할 소유물로 간주하는
종교적 개념이 포함된다. **참조.** *가부장제/모권제, *생태계 위기,
*젠더, *페미니즘.

여공餘功 works of supererogation #덤의 선행● #여분의 공덕●● 의무로

요구된 바를 초과한 도덕적 *행동으로, 특히 칭찬받을 만하며 우수한 *성품을 나타내는 행동. 어떤 개신교도들은 이러한 여공 개념에 대해 비판적이다. 인간은 결코 자신들의 도덕적 의무를 완전히 실현할 수 없는데, 하물며 초과할 수 있겠냐는 것이 그 이유이다. 그러나 어떤 행동—예를 들어, 낯선 이에게 신장을 기증하는 결정—은 의무로 요구된 바를 넘어서며, 높은 수준의 도덕적 성품을 나타내는 것으로 보이며, 그러한 행동에는 어떤 명백한 의미가 있다. 참조. *도덕, *윤리학.

역사적 예수歷史的 - historical Jesus 나사렛 예수에 대한 역사적 연구를 목표로 삼아서, 역사적 연구를 통하여 재구성하여 묘사된 인물. 18세기 말에 시작하여 현재까지 계속되고 있다. 역사적 예수 탐구로 불리는 운동이 진행되어 오면서 어떤 것은 시작되고 어떤 것은 중단되었다. 역사적 예수 탐구는 객관적이고 역사적인 연구를 통해, 교회의 *교의로 왜곡되어 온 것으로 추정되는 인물을 소위 역사의 예수Jesus of history로 불리는 원래의 모습으로 복원해 내려는 시도이다. 가끔 '역사적 예수'는 신학적으로 해석된 '신앙의 그리스도'와 대조된다. 그러나 교회는 언제나 교회가 예배하는 그리스도의 역사성을 확언해 왔다. 따라서 교회는 진실된 역사 연구를 환영할 만한 좋은 이유를 가지고 있다. 다만 역사가들의 '믿음'이 어떤 면으로도 반영되지 않은 그런 역사적 모습은 없을 것 같다.

연역 논증演繹論證 deductive argument 일련의 명제들(전제들)이 참일 경우, 확실한 논리적 원리 또는 추론 규칙에 의해, 다른 명제(결론)의 참을 필연적으로 함축하는 추론 구조. 만약 전제가 참일 때 결론도 필연적으로 참이라면, 이 연역 논증은 타당하다valid. 하지만 이때 전제가 참인지 여부는 타당성과 무관하다. 어떤 논증이 논리적으로 타당하다면, 같은 형식을 갖는 모든 논증들도 타당하다. 논

● 『가톨릭에 관한 모든 것 백과사전』(가톨릭대학교출판부, 2007) ●● 주낙현 옮김, 「39개 신조」- 대한성공회 커뮤니티(http://www.holynet.kr/39개-신조-thirty-nine-articles-of-religion/)

증이 논리적으로 타당하면서 동시에 논증의 모든 전제가 참이라면, 그 논증은 논리적으로 건전하다sound. 전통 고전논리학의 삼단논법은 연역 논증의 전형적인 예로 다음과 같다. (1) "모든 사람은 죽는다. 소크라테스는 사람이다. 그러므로 소크라테스는 죽는다." (이 예는 다음과 같은 논증 형식을 따른다. "모든 *p*는 *q*이다. *s*는 *p*이다. 따라서 *s*는 *q*이다.") (2) 조지 W. 부시는 민주주의자이거나 또는 하나님이 존재한다. 부시는 민주주의자가 아니다. 그러므로 하나님이 존재한다. (이 예는 다음과 같은 논증 형식을 따른다. "A 또는 B는 참이다. A는 거짓이다. 따라서 B는 참이다.")● **참조.** *귀납 추론.

열린 유신론-有神論 open theism 고전 *유신론에서 *하나님의 속성으로 귀속시킨 몇몇 전통적인 속성을 거부하거나 재해석해야 한다고 주장하는 신학적 견해. 대개 열린 유신론 지지자들은 하나님께서 무시간적으로 영원하시다는 주장을 거부하고, 하나님이 불후하시다고 본다. 또한 하나님의 본질적인 성품은 불변하지만, 변화하는 피조물에 적절히 반응하시기 위하여 하나님도 어떤 면에서는 변하신다. (참조. *불변성, *영원/불후) 가장 쟁점이 되는 부분은 열린 유신론자들이 하나님의 *예지가 제한적이라고 주장한다는 점이다. 왜냐하면 하나님께서 인간에게 *자유 의지를 주시면서 하나님 자신에게 제한을 두셨기 때문이다. 열린 유신론자들은 *완전성에 대한 그리스 철학적 개념 때문에, 고전 유신론의 성경 그림이 왜곡되었다고 주장한다. 그래서 열린 유신론자들은 자신들의 입장이 고전 유신론보다 하나님에 대한 성경의 그림에 더 부합한다고 논증한다. 비판자들은 열린 유신론이 하나님의 *주권을 공정하게 다루지 않았다고 비판한다. 열린 유신론은 *과정 신학과 약간 비슷한 면이 있지만, 다음과 같은 차이도 있으며, 그 차이는 중요하

● 논리학에서 둘 이상의 명제가 '또는'(or)으로 연결된 복합 문장이 참이라면, 그 복합 문장을 구성하고 있는 명제들 중 최소한 하나는 참이며, 경우에 따라 모두 참일 수는 있으나 모두 거짓일 수는 없다.

다. 방법론에 있어서 열린 유신론자들은 성경의 *권위를 높게 보는 견해를 따른다. 또한 실질적으로 열린 유신론자들은 성경의 기적 사건뿐만 아니라 인격적 행위자로서의 하나님 개념을 받아들인다. 이는 과정 신학자들이 전형적으로 거부하는 부분들이다. 과정 신학자들과는 달리 열린 유신론자들은 속성(이러한 속성들 중 몇몇은 본질적이다)을 지니는 실체라는 전통적인 개념적 도식에 도전해야 할 별다른 이유가 없다고 본다.

영감靈感 inspiration 하나님의 영이 채워져서 하나님의 영에 이끌리는 특성. 구약 성서의 예언자들은 이와 같이 영감을 받아 말했던 것으로 여겨진다. 많은 그리스도교 신학자들은 성서 또한 하나님의 영감의 결과이며, 이것이 무오성과 무류성의 근거라고 주장한다. (참조. *무류성, *무오성) 하나님의 영감과 성경을 기록한 인간 저자 사이의 관계는 다양한 방식으로 생각되어 왔다. 그러나 일반적으로, 영감을 확언한다고 해서 저자의 인간적인 특성이 여러 방식으로 본문을 형성하였음을 부인하려는 것은 아니다.

영원/불후永遠/不朽 eternity/everlasting 하나님과 시간의 관계를 생각하는 서로 대조되는 방식. 또한 그리스도인들이 소망하는 현재의 삶과 죽음 이후의 삶의 본성에 대해 생각하는 방식이기도 하다. 영원을 시작이나 끝이 없는 불후의 시간으로 생각하는 사람들과 영원을 시간과 무관한(무시간적) 실재의 상태로 마음에 그리는 사람들 사이에 논쟁이 있다. 불후를 옹호하는 사람들은 영원 관념을 불후로 이해하는 것이 히브리적 발상이며, 무시간적 영원 개념은 그리스적 사고의 산물로 성경의 견해를 왜곡한다고 주장한다. 무시간적 영원을 옹호하는 사람들은 다음과 같이 주장한다. 하나님은 시간의 주인이신데, 만약 하나님 자신이 무시간적 존재가 아니시면, 시간을 창조하실 수 없었을 것이다.

영지주의靈智主義 Gnosticism 2세기와 3세기에 그리스도교 교회에서 유행한 하나의 종교 운동. 영지주의의 영향은 다양한 그리스도교 이단들에게서와 그 운동의 풍조에 맞선 논쟁들 속에서 발견할 수 있다. 영지주의자들은 더 높은 수준의 영적 지식 또는 영적 직관gnosis이 가능하다고 믿었으며, 이러한 더 높은 영적 상태에 도달하기 위한 다양한 수단을 제시하였다. 영지주의자들은 더 높은 영적 세계를 선호하며 물질세계의 가치를 절하하는 경향이 있다. 이 용어는 종종 더 느슨하게 특정 시대와 관계없이 사용되어, 소수에게만 이어지는 영적 지식에 강조점을 두는 종교 운동을 지칭하기도 한다.

영혼靈魂 soul 의식적이고 분별력 있는responsible 존재로 이해되는 인격. *플라톤 이후의 많은 철학자들과 여러 그리스도교 신학자들은 영혼이 죽음 이후에 신체와 분리될 수 있는 비물질적이며 영적인 실체라고 믿었으며, 또한 환생(플라톤)하거나 부활(그리스도인)하거나 다시 몸을 입는다고 믿었다. 많은 현대 철학자들은 *유물론을 지지하며, 이러한 인간 영혼에 대한 이원론적 그림을 거부한다. 어떻게 유물론적 견해가 죽음 이후의 삶에 관한 그리스도교의 가르침을 다룰 수 있는지, 특히 죽음과 부활 사이의 중간 상태를 어떻게 다룰 수 있는지가 불분명함에도 불구하고, 놀랍게도 수많은 신학자들은 앞서 말한 이원론적 그림이 성경적이라기보다는 그리스적이라고 주장하며 의견을 같이한다.

예배禮拜 worship 하나님으로 말미암은 가치를 하나님께 돌리며, *하나님을 경배하고 찬양하는 것. 예배에는 내가 하나님께 의존하고 있음에 대한 인정이 포함된다. 하나님의 위대하심과 자신 및 다른 피조물들에게 뻗어 있는 하나님의 선하심이 예배에 영감을 준다. 대개 신학자들은 하나님께 인간의 예배가 필요한 것은 아니라고 주장한다. 왜냐하면 하나님 편에서는 찬양을 필요로 하지 않기 때문이다. 그러나 예배는 우리의 편에서 하나님과의 관계를 깊게 하며, 우리 자신을 충만함으로 이끈다.

예언으로부터의 논증豫言-論證 argument from prophecy 보통 인간으로서는 미리 볼 수 없는 사건을 선지자들이 미리 말하였음을 보여줌으로써, 선지자들이(궁극적으로 선지자들의 예언을 기록한 성경이) 신적인 영감을 받았음을 옹호하려는 일종의 변증 논증. 따라서 예언으로부터의 논증은 본질적으로 *기적에 호소하는 논증이다. 때때로 이 논증은 역방향으로 이용된다. 예를 들면, 예수님께서 삶을 통해 어떤 구약의 예언을 성취하셨다는 사실은 예수께서 진짜 메시아라는 주장을 뒷받침하는 데 인용된 것이다. 그러나 성서비평학으로 특징지어진 시대에서, 예언으로부터의 논증은 점점 인기를 잃어가고 있다. 그들은 명백히 예언을 성취한 것으로 보이는 주장이 대부분 예언된 사건이 발생한 다음에 기록된 것이라고 주장한다.

예정豫定 predestination 하나님께서 자신의 주권적인 *은혜 안에서 창세전부터, *구원 받을 사람을 '선택하셨다는' 또는 미리 정하셨다는 확신. 최근의 몇몇 신학자들은 세상의 기초를 놓기 전부터 선택되신 예수가 하나님의 첫 선택이라는 주제와, 교회에 대한 예정은 그리스도 '안'에 있음 또는 그리스도와 '하나'됨과 관련하여 이해되어야 한다는 점을 강조해 왔다. 몇몇 칼뱅주의자들은 '이중 예정'double predestination을 주장한다. 즉, 하나님께 선택받지 않은 사람들에겐 지옥살이가 예정되어 있다는 것이다. **참조.** *섭리, *자유 의지, *주권, *하나님의 예지.

예지豫知 *하나님의 예지를 보라.

오리게네스 Origen 그 Ōrigénēs (185?-254) 자신의 작품 가운데서 *플라톤의 영향이 보이는 알렉산드리아의 교회 교부. 그리스도교 최초의 변증가 중 한 사람으로 오리게네스는 나중에 정통으로 인정받지 못하게 된 몇몇 견해들을 주장했다. 여기에는 인간 *영혼의 선재에 관한 믿음이 포함된다(그러나 *윤회를 말하는 것은 아니다). 또한 그는 구원에 대해 결과적으로 *보편 구원 교리를 가르쳤으며, 알레고리적 성서 해석 이론을 전개하였다.

오직 믿음 *솔라 피데를 보라.

오직 성경-聖經 *솔라 스크립투라를 보라.

오직 은혜-恩惠 *솔라 그라티아를 보라.

오컴(의 윌리엄) Ockham, William of (1285?-1349) '더 현묘한subtle 박사'로 알려진 잉글랜드의 중세 철학자. 오컴은 프란치스코회 수도사로, 교황과 충돌하여 피사로 도망치게 되었으며, 결국 뮌헨까지 도주하였다. 이는 그가 전제적인 교황의 권력을 비판하였기 때문이다. 그는 보편자가 실재한다는 주장을 반대한 것으로 이름이 알려져 있으며, 종종 *유명론의 시조로 불린다. 하지만 다수의 학자들은 그가 실제로는 *개념론자였다고 주장한다. 오컴은 또한 '오컴의 면도날'Ockham's razor 즉, 절약의 원칙[간결성의 원칙]principle of parsimony으로도 유명하다. 그것은 "존재자들을 필요 이상으로 많이 두지 말자"라는 말이다. 물론 저 구절이 오컴의 저작에서는 실제로 발견되지 않지만, 저 말이 오컴 특유의 철학함의 양식이기 때문에 오컴과 관련된 것이다.

온정주의溫情主義 *식민주의, 온정주의, 제국주의를 보라.

올스턴, 윌리엄 Alston, William (1921-2009) *인식론, 언어 철학, 지각 철학philosophy of perception, *종교 철학에 있어 중요한 작업을 한 북미의 기독교 철학자. 올스턴은 (알빈 *플란팅가, 니콜라스 *월터스토프와 함께) *개혁주의 인식론을 전개한 그룹의 구성원이었다. 그는 또한 미국 기독교철학회Society of Christian Philosophers 설립의 배후에 있는 제1원동자prime mover이기도 하다.● 올스턴은 이 협회의 초대 회장을 역임했고, 또한 이 협회에서 발간하는 학술지인 *Faith and Philosophy*의 첫 번째 편집자이기도 했다.

완전성完全性 perfection 완전히 선하고 결점이 없는 것. 완전성의 개념은 *철학적 신학에서 지배적인 역할을 해 왔다. 왜냐하면 하나님을 종종 모든 완전성을 소유하신 분으로 생각해 왔기 때문이다. *불변성을 옹호하는 사람들은 완전한 하나님은 변하실 수 없다고 논증한다. 이는 변화라는 것이 어떤 실현되지 않은 가능성이 하나님 안에 있음을 함축하기 때문이다. 그러나 몇몇 현대 사상가들은

● 설립을 뒤에서 주도했다는 의미를 철학 용어로 나타낸 해학적 표현.

그런 식으로 불변하시는 하나님은 정적인 분이시며, 따라서 자신의 피조물에게 응답하시며 상호 관계를 형성하시는 분보다 덜 완전하다고 논증한다.

우연성偶然性 contingency 유한한 사물의 특징으로, 존재하기는 하지만 필연적으로 존재하지는 않는 것. *우주론적 논증을 지지하는 사람은 자연 질서의 우연성이 다음과 같은 점을 보여준다고 믿는다. 즉 어떤 우연적 존재 x가 있다면, x의 존재 원인은 x의 외부에 있다. 또한 x가 존재하는 궁극적인 원인은 반드시 우연적 존재가 아닌 필연적인 존재여야 한다. 그리고 그 원인을 하나님으로 생각할 수 있다. **참조.** *필연적 존재.

우주론적 논증(증명)宇宙論的論證(證明) cosmological arguments 하나님의 존재에 관한 논증 중 하나로, 하나님의 존재를 우주의 궁극적 원인/근거/설명으로 요청하는 논증이다. 우주론적 논증은 보통 설명 원리이나 인과율 또는 *충족이유율을 이용하여 펼쳐진다. 토마스 *아퀴나스와 사무엘 *클라크는 이러한 유형의 논증을 지지하는 사람들 중에 가장 유명하다. **참조.** *신 존재 논증.

원죄原罪 original sin 아담과 하와에 의해 기원되고 후세에 전해진 transmitted 인류의 보편적인 죄성(예수는 원죄가 없으며, 로마 가톨릭에서는 마리아도 원죄가 없다고 본다). (**참조.** *타락) *죄가 유전될 수 있는지는 의문의 여지가 있지만, 실제로 몇몇 언어에서는 원죄에 대해 유전된 죄inherited sin라는 용어를 사용한다. 이 교리로 인해 제기되는 철학적 문제로는 아담·하와와 후대 인간의 관계에 대한 물음, 그러한 후대 개개인의 책임과 자유에 대한 물음이 포함된다. 어떤 이들은 유전된 죄성 내지 죄성향과 자범죄actual sin를 구분한다.

월터스토프, 니콜라스 Wolterstorff, Nicholas (1932-) *개혁주의 인식론의 창시자 중 한 명이며, 알빈 *플란팅가와 함께 칼빈대학교에서 가르쳤고, 그 후 예일대 석좌교수로 활동했던 중요한 현대 그리스도교 철학자. 월터스토프는 *인식론에 대한 작업뿐만 아니라, 미학, 보편자에 대한 이론, *계시에 대해서도 중요한 작품들을 썼다. 그는 개인적인 애탄을 담은 『나는 사랑하는 사람을 잃었습니다』(*Lament for a Son*: 좋은씨앗)를 쓴 작가로 많은 사람들에게 알려져 있다.

웨스트팔, 메롤드 Westphal, Merold (1940-) 우리 시대에 가장 중요한 그리스도교 철학자로, 아마도 다른 어떤 사상가들보다 더욱 그리스도교의 사고와 포스트모던 사상을 밀접하게 연관시킨 인물. **(참조.** *포스트모더니즘) 웨스트팔은 G. W. F. *헤겔에 대한 작품과 쇠얀 *키에르케고어에 대한 작품으로 유명하다. 웨스트팔은 『혐의와 신앙: 현대 무신론의 종교적 사용』(*Suspicion and Faith: The Religious Uses of Modern Atheism*)이란 책을 썼는데, 그는 이 책에서 칼 *마르크스, 지그문트 *프로이트, 프리드리히 *니체가 비판한 것들 중 일부를 어떻게 그리스도인들이 전유할 수 있는지를 보여 준다.

위카 Wicca 마법 및 이교도적 관행의 부흥을 중심에 둔 종교. 위카인들Wiccans은 자신들의 종교가 사탄 숭배와 관련 있음을 부인한다. 그들은 스스로를 자연에 가까우며, '여신' 숭배―위카인들이 급진적인 형태의 페미니즘 사상과 연결한 의식―와 같은 *이교주의적 요소들을 긍정하는 자로 본다. **참조.** *페미니즘.

유교儒敎 Confucianism 보통 공자孔子; Confucius. 551?-479 BC에게서 기인한 것으로 보는 윤리적, 정치적, 종교적 가르침에 관한 중국의 학파. 유교에서는 왕다움君君, 인간다움, 예의 바름과 같은 윤리적 덕의 함양에 큰 무게를 둔다. 그리고 예禮를 통해 이러한 덕을 함양할 수 있다고 본다. 유교에서 윤리적 의무는 자신의 사회적 지위 및 가정에서의 위치에 따라 달라진다. 유교의 종교적 성격에 대해서는 약간 논란이 된다. 논란의 중심에는 몇 가지 면에 있어서 윤리적 의무의 근거가 되는 천天 또는 '하늘'의 본질에 대한 문제가 있다. 일부는 이 개념을 초월적이고 형이상학적인 방식으로 해석해 왔고, 성리학性理學; neo-Confucianism에서는 사물의 자연스러운 윤리적 질서를 기술하기 위한 하나의 은유적 방편으로 '하늘'을 생각하는 경향이 있다.

유대교-敎 Judaism 히브리 성경(그리스도인들이 구약 성경으로 여

기는 것)를 권위 있게 여기는 유대 민족의 종교. 유대교는 다양한
형태—정통파, 보수파, 개혁파—로 존재하며, 각각의 형태는 성경
의 *권위를 약간 다르게 해석한다. 이 종교는 모세의 인도로 이집
트에서 나오라는 부름을 받았으며 하나님의 법을 받은 자라는 유
대 민족의 특별한 소명에 그 시작점을 둔다. *철학에 있어서 유대
교는 1세기의 필론Philōn. BC 25-AD 50에서, 모세스 *마이모니데스와
같은 중세 사상가를 거쳐, 여러 뛰어난 현대 철학자들에 이르기까
지 오랜 세월에 걸쳐 전통을 발전시켜 왔다.

유명론唯名論 nominalism 선함, 정의, 부성fatherhood과 같은 보편적
표현은 단지 이름일 뿐이며, 외부에 존재하는 어떤 보편적인 성질
을 지시하는 것이 아니라는 주장. 따라서 유명론자들은 보편자들
이 독립적인 실재라고 믿는 플라톤주의적 실재론에 대립하는 견해
를 가지고 있다. (**참조.** *개념론, *반실재론, *실재론, *플라톤) 대
개 유명론자들은 주장하기를, 인간의 정신이 개별자들의 유사성을
인식함으로써 개별자들을 하나로 묶는데, 그 다수의 개별자들을
포괄하여 나타내는 데 보편적인 말이 사용된다. 이는 두 가지 사물
이 어떤 공통의 보편적 속성이란 것을 공유하지 않고서도 서로 유
사할 수 있다는 주장을 필요로 한다.

유물론唯物論 materialism 오직 물질적인 대상들만 존재한다는 관점.
유물론은 간혹 *물리주의와 동의어로 사용된다. 그러나 몇몇 사상
가들은 물리주의가 물질과 에너지만 존재한다고 주장하는 점을 받
아들임으로써 이 둘을 구별한다. 몇몇 유물론자들은 자신들의 관
점을 *과학의 측면에서 규정하며, 궁극적인 실재는 물리학자가 발
견한 입자나 실체로 구성된다고 주장한다. **참조.** *비환원적 유물
론, *제거적 유물론.

유비類比 *신앙의 유비, *유비적 서술, *존재의 유비를 보라.

유비적 서술類比的 敍述 analogical predication *일의적 언어(같은 말이
둘 이상의 대상에 적용될 때, 정확히 같은 의미를 갖음)와 다의적
언어(같은 말이 둘 이상의 사물에 적용될 때, 그 의미들 간에 아무

런 연관이 없음) 사이에 위치한 *하나님에 대해 기술하는 언어. 토
마스 *아퀴나스와 같은 철학자들은 유한한 세계에 대한 우리의 경
험으로부터 도출한 긍정적인 언어●는 하나님께 일의적인 방식으
로 적용될 수 없다고 주장한다.●● 그러나 '선함'이나 '지식'과 같은
말은 하나님께 유비적인 방식으로 적용될 수 있다고 주장한다. 즉,
하나님은 말에 구속되지 않는 방식으로, 그 말이 나타내는 바의 완
전함을 가지신다는 의미이다.●●● **참조. 참조.** *서술(유비적, 일의
적, 다의적), *애매한, *일의적.

유스티누스 순교자-殉敎者 Justin Martyr 라 Iustinus (105?-165?) *철학
이 그리스도교에 긍정적 가치가 있다고 본 초대 교회 교부 중 하
나. 유스티누스는 그리스 철학이 *로고스에 대한 작업이기 때문에
진리를 포함하고 있다고 믿었다. 그리스도교에서 로고스는 모든
만민 안에서 일하시는 창조주로 이해된 그리스도이다.

유신론有神論 theism 무한하시며, 전능하시고, 전지하시며, 완전히
선한 인격으로 이해되는 한 분의 신이 존재하시며, 그분이 우주를
창조하셨다는 견해. 유일신교monotheism와 동의어 이다.●●●● **참조.**
*다신론, *무신론, *범신론, *범재신론.

유아론唯我論 solipsism 사람은 오직 자신의 의식적인 상태만을 자각
할 수 있으며, 어떤 점에서는 다른 것의 실재로부터 고립된다는 학
설. 형이상학적 유아론은 극단적인 형태의 유아론으로, 자신의 마
음 바깥에 어떤 실재가 있다는 점을 부인하는 주장이다. 사람이 외
부 세계 또는 타자의 정신을 알 수 있다는 점을 부인하는 것은 인
식론적 유아론의 형태로 볼 수 있다. **참조.** *지각.

● 긍정적 언어는 '-이다'와 같이 주어를 적극적으로 규정하는 언어이다. 반면에 부
정적 언어는 '-이 아니다'와 같은 소극적 언어이다. ●● 예를 들어, 우리의 경험으로
부터 도출한 '사랑'과 '하나님은 사랑이시다'라는 말에서의 '사랑'이 똑같은 의미
가 아니라는 주장이다. ●●● 예를 들어, "하나님은 사랑이시다"라는 말에서, 하나님
은 '사랑'이라는 말에 제한되지 않으시면서, 동시에 완전한 사랑을 가지신 분이다.
●●●● 'theism'이라는 표현은 신(들)이 존재한다는 견해(믿음)라는 넓은 의미가 있
지만, 서구 학문의 맥락에서는 아브라함과 연관된 종교(그리스도교, 유대교, 이슬람
교)의 공통된 신관이라는 좁은 의미로 한정하여 사용되기도 한다.

유한성有限性 finitude *죄라기보다는 자연 질서 안에서 피조물됨에 기인한 한계. 따라서 죄 자체를 그저 '유한성에 기인한 결점'으로 이해해서는 안 되며, 하나님을 의도적으로 외면하는 것으로 죄를 이해해야 한다. 도덕적 안목 또는 의지와 관련하여 유한하다는 것은 죄가 되지 않는다. 그러나 도덕적 통찰을 의도적으로 불이행하는 것이 그저 유한성에 기인한 것이라고 볼 수는 없다.

윤리학倫理學 ethics 옳음과 그름, *선과 *악, *덕과 악덕에 관련된 철학의 한 분야. 추가로 윤리학은 다음과 같은 메타 윤리적 물음도 다룬다. "어떤 행위를 '옳다'고 부르는 것의 의미가 무엇인가?" "옳음의 근거 또는 토대는 무엇인가?" "옳은 행동이 옳은 것이게끔 하는 것은 무엇인가?" 결과주의 윤리 이론과 *의무론적 윤리 이론에 관련된 논쟁은 윤리학 내에서 의견 충돌이 일어나는 주요 영역 중 하나이다.

윤회輪廻 reincarnation #환생 죽음 이후에 사람이 다시 태어난다는 믿음. 이 학설은 *플라톤이 가르쳤으며 또한 인도에서 기원한 종교, 특히 *힌두교와 불교에서 널리 주장되고 있다. 이들 종교에서는 궁극적인 정화에 이르러서 윤회의 수레바퀴에서 벗어날 때까지, 업業; *karma*(뿌린 것을 거두게 된다는 도덕 원리)에 따라서 사람이 계속 환생한다고 생각한다. 불교도들은 영혼이 실체로서 존재한다는 생각을 부인하지만, 그럼에도 윤회는 영혼이 새로운 몸에서 재탄생하는 것으로 가장 널리 이해되고 있다.

은유隱喩 metaphor 일상적으로 어떤 하나[원관념]를 지칭하는 말이지만, 일상적이지 않은 방식으로 사용되어 다른 것[보조관념]을 지칭하거나 색다른 의미를 가질 수 있는 용어나 어구. 따라서 은유는 유사점이 곧바로 보이지 않을 수도 있는 두 사물 사이의 닮거나 유사한 어떤 성질을 암시하는 데 사용된다. 은유의 본성에 대한 많은 논증들이 있지만, 철학자들은 은유가 단순히 산문체 언어를 대치할 수 있는 수식어가 아니라, 종교에서와 마찬가지로 *과학에서도 인지적 진보에 필수적이라는 점에서 점점 의견을 같이 하고 있다. **참조.** *언어 이론.

은혜恩惠 grace #은총 전통적으로 그리스도인들에게 있어, 자격 없는 자에게 베풀어 주시는 하나님의 호의로 이해된 것으로, 하나님의 창조 세계에, 특별히 인류에게 베풀어 주시는 것. 그리스도인들은 예수님의 성육신과 죽음과 부활 안에서 하나님께서 죄를 사하시고 그분과 함께 영원한 삶을 누릴 수 있게 하심으로써 하나님의 은혜가 인류에게 현저하게 베풀어졌다고 생각한다.

응보應報 retribution 마땅히 받을 것을 받는 것. 특히 악에 대한 형벌을 의미한다. 전통적으로 그리스도교에서는 하나님께서 사람들을 이 땅에서 행한 *행동을 토대로 심판하실 것이라는 *최후의 심판에 관한 교리를 주장해 왔다. 교회는 또한 하나님께서 예수님의 수난과 죽으심을 통해 *죄를 심판하셨음을 주장한다. (예수님의 수난과 죽음이 인간의 죄에 대한 화목 제물이 되었으므로, 인간이 두려움 없이 하나님의 심판 앞에 설 수 있게 되었다고 이해한다.) 응보적 형벌 이론에서는 형벌을 그저 죄의 억제책이나 교화를 장려하는 것이 아니라 범법자가 마땅히 받아야 하는 것으로 본다. **참조.** *정의.

의무론義務論 deontology *행동의 옳음 또는 그름은 결과에 의해서 전적으로 결정되는 것이 아니라고 주장하는 윤리학 이론(의무, 필연성을 뜻하는 그리스어 *déon, déont*-에서 유래). 따라서 의무론자들은 주장하기를, 몇몇 행동들은 그저 행동이 가져올 결과 때문에 그른 것이 아니라, 그 자체로 그른 것이다(혹은 적어도 그르다고 추정되는 것이다). 임마누엘 *칸트는 가장 유명한 의무론적 윤리 이론의 옹호자이다. 전통적인 그리스도교 윤리에도 의무론적 요소가 있어서, 몇몇 형태의 행동은 절대적으로 그릇된 것 또는 모든 상황에서 그릇된 것이라고 주장된다.

의미 검증 이론意味檢證理論 verification theory of meaning '어떤 명제의 의미는 그 명제를 검증하는 방법과 동일하다'라는 구호로 요약되는 *논리 실증주의자들이 주장한 이론. A. J. 에이어A. J. Ayer, 1910-1989에 의해 잉글랜드에서 유행한 논리실증주의는 (참 또는 거짓

값을 갖는) 인지적 의미가 있는 모든 명제는 분석적이거나(참 또는 거짓이 오직 용어의 의미에 의해 결정되거나) 아니면 감각 경험에 의해 검증될 수 있는 것이라고 주장하였다. 이러한 견해의 핵심은 모든 비분석 명제들이 경험적으로 검증 가능하여야 인지적 의미가 있다는 것이다. 실증주의자들은 이러한 점이 종교적 명제나 형이상학적 명제의 무의미함을 보여줄 것이라고 믿는다. 논리실증주의자들에게는 불행한 일이지만, 의미 검증 이론 자체가 의미에 관한 그 자신의 검증을 통과하지 못한다는 점(의미 검증 이론은 정의에 의해 참이 되는 것으로 보이지도 않으며, 경험적으로 검증될 수도 없다)이 금세 알려졌다. 수많은 과학의 명제들 또한 직접적으로 검증될 수 없다는 점이 발견되었다. 하지만 그 이론이 그러한 명제들의 의미를 허용하도록 약화되었을 때, 신학적 명제와 형이상학적 명제 역시 더 약한 규준에서 유의미한 것이라는 점이 쉽게 드러난다. **참조.** *언어 이론.

의식意識 consciousness 고통, 감각, 생각과 같은 심리적 상태와 그 밖에 의식 상태로 불리는 정신적 자각의 대상들. 의식에는 굉장히 사적이고 신비로운 무언가가 있는 듯하여, 몇몇 철학자들은 다른 사람의 의식의 내용을 정말로 알 수 있는지 여부를 의심한다(타자의 마음에 관한 문제). 의식은 *심신 문제에서 중요한 차원으로 다루어진다. 많은 이원론자들은 정신적 실재 또는 영적 실재의 속성을 규정하는 것으로 의식을 언급하였다. 유물론자들은 의식에 대해 설명하는 것이 매우 어렵다고 여긴다. 그래서 (논리 *행동주의와 *제거적 유물론의 지지자들과 같은) 몇몇 사람들은 의식의 존재를 완전히 부인하는 극단적인 입장을 취한다. (**참조.** *이원론, *유물론) 현대의 신경학 연구는 의식의 물리적 근거를 설명하려고 시도한다. 의식적인 컴퓨터를 만들려고 하는 인지 과학자들의 시도에는 의식에 대한 철학적 입장들이 암묵적으로 상정되어 있다.

의심疑心 doubt #회의 어떤 명제나 사람을 불확실하게 여기는 태도. '둘'double이라는 말과 어원적으로 연결되어 있다는 점이 뜻을 더 분명하게 보여준다. 즉, 의심한다는 것은 무엇을 믿어야 할지 확신하지 못한 채 두 마음을 지닌 것이다. 르네 *데카르트는 철학에서 확실성을 얻기 위한 적절한 방법으로서 모든 것을 의심해 보자고 제안하였다. 반면, 토머스 *리드, 데이비드 *흄, 쇠얀 *키에르케고어와 같은 다양한 철학자들은 모든 것을 의심하는 것이 불가능하다는 점(그리고 만약 그것이 가능하다면, 그렇지 않은 상태로 되돌아올 수 없다는 점)에서 생각을 같이하였다. 당연히 의심은 *신앙 또는 *믿음과 반대되는 것으로 보인다. 하지만 건강한 신앙, 살아 있는 신앙(신뢰하는 신앙)을 위해서, 어떤 종류의 의심은 신앙과 공존하는 것이 가능해 보인다. "내가 믿나이다 나의 믿음 없음을 도와주소서"(막 9:24)라는 구절처럼 말이다.

의인화擬人化 *신인동형론을 보라.

이교주의異敎主義 paganism 보통 *다신론과 관련된, 중동이나 유럽에서 기독교가 들어오기 이전의 사람들이 흔히 지닌 종교관. 그 밖의 다른 세계의 부족 종교를 가리키는 말로도 사용된다. 그리고 다소 확장된 의미로 돈, 명성, 외모, 그 밖의 유한한 물질에 대한 서구 사회의 탈기독교적post-Christian '예배'를 가리키기도 한다. *위카와 같은 몇몇 뉴에이지 운동에서는 스스로를 이교적 관점과 태도를 회복시키는 자로 바라본다.

이기주의利己主義 egoism 인간은 오직 자기 자신의 개인적인 *행복을 구한다는(혹은 구해야 한다는) 이론. 심리적 이기주의는 사람들이 언제나 그리고 오직 자기 자신의 선을 구한다고 보는 사실에 관한 주장이다. 도덕적 이기주의는 그런 식으로 행동하는 것이 옳다는 혹은 선하다는 주장이다. 아인 랜드Ayn Rand, 1905-1982의 소설은 이기주의를 극적으로 그리며 옹호한다. 반면 전통적인 그리스도교의 가르침은 일반적으로 이기주의는 죄악된 이기심selfishness의 한 형태라고 규탄해 왔다. 이러한 이기주의는 자기 *자신과 자신의 필요에 올바른 관심을 기울이는 것과는 구별된다. **참조**. 쾌락주의.

이레나이우스 Irenaeus 그 Eirēnaíos (130?-200) 오늘날 이단인 영지

주의에 맞서는 그리스어 저작을 쓴 교회의 교부. (참조. *영지주의) 이레나이우스는 다음과 같은 논증으로 유명하다. 즉, 하나님께서는 인간들이 완전성을 소유하기를 원하셨지만 아담과 하와의 죄 때문에 이를 잃어버렸으며, 이 모든 완전성을 현실화하기 위해 그리스도께서 오셨다는 것이다. (참조. *타락) 그는 또한 '영혼-형성' 신정론에 영감을 준 것으로 알려져 있다. 그것은 인간이 될 수 있는 모든 것이 되어 가는 과정의 일부로서 고통이 정당화된다는 것이다.

이마고 데이 *imago Dei* *하나님의 형상을 보라.

이븐 루시드 아 Ibn Rushd 라 Averroës (1126-1198) #아베로에스 이슬람 철학자로, 그가 저술한 *아리스토텔레스에 대한 주석은 중세 그리스도교 사상가들과 유대교 사상가들에게 영향을 미쳤다. 이븐 루시드는 아리스토텔레스를 좇아, *불멸성을 주장하고 있지만 개개인의 지성이 비인격적 지성에 흡수된 불멸성을 주장한다. 이븐 루시드를 따르는 몇몇 그리스도인들은 이중 진리(즉, 철학에서는 참인 것이 신학적으로는 거짓이다)를 주장함으로써 '개인의 구원을 믿는 그리스도인의 신앙'과 '개인의 불멸성은 존재하지 않는다고 한 아리스토텔레스의 관점' 사이의 충돌을 해결하려 한다고 평가받는다. 참조. *이슬람교, *이슬람 철학.

이븐 시나 페 Ibn Sīnā 라 Avicenna (980-1037) #아비센나 이슬람 철학자이자 의사로, *아리스토텔레스의 *형이상학과 *신플라톤주의를 이슬람교의 일신론과 종합하였다. 이븐 시나는 신학자 알 가잘리 al-Ghazali, 1058?-1111의 공격 대상이었다. 알 가잘리는 철학자들의 비정합성을 공격했는데, 이는 세계의 영원성과 *인과 관계의 필연성에 대한 긍정이 *창조와 *섭리에 관한 교리를 부지중에 약화시킨다는 생각에 그 근거를 두고 있다. 이븐 시나의 저서들은 무슬림과 유대교 철학자들에게 큰 영향을 미쳤다. 또한 그의 책들이 번역되어서 서구 그리스도교 철학자들에게도 큰 영향을 미쳤다.

이상주의理想主義 *관념론을 보라.

이성理性 reason 인간이 명제들 사이의 관련성을 보고 적절한 추론을 끌어낼 수 있도록 생각하거나 숙고하게 하는 기능이나 능력. 이성은 좁은 의미로 이해될 수도 있고 넓은 의미로도 이해될 수 있다. 좁은 의미에서의 이성은 종종 감각이나 기억과 대비되는 추론 능력이다. 이때 이성으로 알게 된 진리는 *선험적으로 또는 순수 사색만으로 알게 된 것이다. 넓은 의미에서의 이성은 기억과 감각을 포함하여 *지식 습득을 가능하게 하는 인간의 기능을 가리킨다. **참조.** *합리론, *합리적.

이성적理性的 *합리적을 보라.

이성주의理性主義 *합리론을 보라.

이슬람교-教 Islam 코란에 기록된 무함마드Muhammad, 570?-632 예언자의 가르침의 결과로 오늘날의 사우디아라비아에서 7세기에 시작된 유일신 종교. 이슬람교는 알라(하나님)께 복종할 것을 강조한다. 또한 *유대교와 그리스도교를 하나님으로부터 더 이른 계시를 받았다는 근거를 들어 부분적인 진리로 수용한다. 중세에 이슬람교는 *종교 철학에 알맞은 환경을 제공하였다. **참조.** *이슬람 철학.

이슬람 철학-哲學 Islamic philosophy 중세 시대에 코란의 유일신 신앙과 그리스의 플라톤과 아리스토텔레스의 철학 사상을 종합한 알파라비Al Fārābī, 872?-950?, *이븐 시나, *이븐 루시드와 같은 이슬람교 사상가들의 지적 산물. 이 사상가들은 *창조의 본성, 하나님과 세계의 관계, 인간의 자유와 하나님의 *주권 사이의 *양립 가능성 같은 문제를 놓고 씨름하였다. **참조.** *이슬람교.

이신론理神論 deism 신이 세계를 창조하였지만, 섭리로 세계를 유지하고 있지는 않다는 믿음. 달리 말하자면, 신은 존재하시지만 피조 세계와 상호작용을 하시지는 않는다. 이 용어는 참된 종교는 권위 있는 *특별 *계시가 아니라, 이성에 근거한 자연 종교라는 주장을 뒷받침하는 데 사용되기도 한다.

이원론二元論 dualism 두 가지 별개의 기본 실체를 상정하는 모든 철학적 이론, 또는 두 요소 사이의 근본적인 차이를 중심으로 세워진 모든 철학적 이론. 이 용어는 다양한 문맥에서 전적으로 다른 종류의 이론을 지칭하는 데 사용된다. 예를 들어, 고대 *마니교의 이원론은 두 개의 동등하나 대립하는 신적 실재를 상정한다. 하나는 선한 빛의 힘이며, 하나는 악한 어둠의 힘이다. *유신론에도 하나님과 창조 질서 사이의 구별, 무한자와 유한자 사이의 구별을 명확하게 하는 이원론적 차원이 있다. 마음(또는 영혼)과 몸을 별개의 실체로 상정하는 이론들도 모두 이원론이라 부른다. 물론 플라톤적 형태, 토마스주의적 형태, 데카르트적 형태의 심신 이원론에는 각각 중요한 차이가 있다.

이중 결과의 원칙二重結果-原則 principle of double effect *행동을 통해 의도했던 결과와 의도하지는 않았지만 예측할 수 있었던 결과 사이에 도덕적으로 중요한 차이가 있다는 견해. 예를 들어 보자. 이 관점에 따르면, 비록 통증완화제가 죽어가는 환자의 생명을 단축시킬 수 있음이 예측된다 하더라도, 그 환자의 고통을 완화하려는 의도로 통증완화제를 투여하는 것이라면 도덕적으로 허용될 수도 있다. **참조.** 윤리학.

인격人格 personhood 생각하는 능력, 행동하는 능력, 가치를 두는 능력과 관련된, 인간 존재와 천사와 하나님이 공유하는 독특한 지위. 인격에 관한 전통적인 이론들은 사람이 이성적 본성을 지닌 실체임을 강조한다. 더 현대적인 이론들은 행동하는 능력과 감정을 소유하는 능력을 강조한다. 이러한 능력은 종종 언어를 사용하는 능력과 다른 사람들과 관계하는 능력에 연결되어 있다. 태아의 도덕적 지위와 같은 윤리학의 수많은 논의들은 인격을 보는 견해에 따라 달라진다. 즉, 인간의 인격이 어느 시점에서 시작되고 어느 시점에서 끝나는지와 같은 것들이다. **참조.** *인격주의, *자아, *정체성(개인의).

인격주의人格主義 personalism 전체로서의 실재를 이해함에 있어 *인격을 가장 중요한 위치에 놓으며, 인간의 본래적 가치와 환원 불가능성을 강조하는 철학. 19세기 말에서 20세기 초에 보스턴 대학

교에서 보든 파커 보운Borden Parker Bowne, 1847-1910과 에드가 셰필드
브라이트만Edgar Sheffield Brightman, 1884-1953은 관념론적 유형에 속한
인격주의의 한 형태를 개발하였다. (**참조.** *관념론) 20세기 중엽
에 에티엔느 질송Étienne Gilson, 1884-1978과 자크 마리탱Jacques Maritain,
1882-1973과 같은 신스콜라 철학자들은 실재론적 인격주의의 한 형
태를 개발하였다. **참조.** *자아, *정체성(개인의).

인과 관계因果關係 causation 낳다, 비롯하다, 야기하다와 같은 말로
표현되는 관계의 형태. (원인과 결과로) 서로 연결된 항목은 사람
일 수도 있고, 물체나 상황, 또는 사건일 수도 있다. *아리스토텔레
스는 작용인, 궁극인〔목적인〕, 형상인, 질료인이라는 4종류의 인과
성이 있다고 인식하였다. 데이비드 *흄의 인과 관계 분석은 잘 알려
져 있다. 그는 인과성이 여러 사건들 사이에서 거듭 관찰되는 연접
〔잇달음〕이라고 분석하였다.● 토머스 *리드와 같은 철학자들은 '행
위자 인과성'agent causality으로 알려진 인과 관계 유형을 주장하였다.
이는 인격체〔행위 주체〕가 결과〔행위〕를 야기한다는 것이다(단순히
인격체 안에서 일어나는 사건만을 말하는 것이 아니다). 이 분야에
서의 철학적인 논쟁점으로는 *결정론에 대한 논의와 *충족이유율
에 대한 논의 같은 것들이 있다. 결정론에서 논의되는 내용은 "모든
사건들이 인과적으로 결정되어 있는가?" 또는 "사람이 때때로 *자
유 의지를 가질 수 있는가?"하는 점이다. 충족이유율은 모든 사건
(적어도 어떤 특정 유형의 사건) 또는 모든 우연적 존재는 반드시
원인을 갖는다는 주장을 담고 있다. 이러한 원리는 신 존재에 관한
*우주론적 논증 또는 제1원인 논증에서 중요한 역할을 한다.

인문주의人文主義 humanism #휴머니즘 인간 존재 및 인간의 활동과
성취에 특별한 위치와 가치를 부여하는 견해. 원래 이 용어는 인

● 예를 들어, (1) 흰공이 굴러와서 빨간공에 부딪히자 (2) 빨간공이 움직인다. 이러
한 사건에서 우리가 직접적으로 알 수 있는 것은 (1)과 (2)라는 사건이 잇따라 일어
난다는 점이다(연달아 일어난다는 사실만 직접 관찰되며, 인과 관계는 자체는 직접
관찰되지 않는다). 그리고 이러한 일이 반복되면 인과 관계, 즉 (1)이 (2)의 원인이라
고 부른다.

문학의 발전 및 번영과 관련된 어떤 운동을 지칭하기 위해 사용
되었다. 인문학의 분야들은 문학, 철학, 예술과 같이 인간의 본성
과 인간이 성취한 것들을 다룬다. 그러나 19세기에 오귀스트 콩트
Auguste Comte, 1798-1857는 자기 방식대로, 이 용어를 자신의 '인간 종
교'religion of humanity에 사용하였다. 그가 개발한 인간 종교는 전통
적인 종교적 신앙을 세속적인 것으로 대치하는 것이었다. 이 용어
는 인간주의자 선언Humanist Manifesto에서와 같이, 계속 그런 식으로
사용되고 있다. 그러나 풍성한 그리스도교적 인문주의 전통도 있
다. 많은 그리스도교 인문주의자들은 오직 종교적인 *세계관 안에
서만 인간의 삶(생명)의 가치가 정말로 이해되고 보호된다고 확신
한다.

인식론認識論 epistemology *지식과 *믿음에 관한 문제 그리고 이와
관련된 *정당화와 *진리의 문제에 관련된 철학의 한 분야. 어떤 이
들은 인식론이 지식의 가능성을 부정하는 *회의주의를 논박하는
시도라는 생각을 가지고 있다. 인식론에서 중요한 논쟁 중 하나는
내재주의internalism 대 외재주의externalism의 논쟁이다. 즉, 믿음을
보장하는 기반 또는 근거가 *의식이 접근할 수 있는 내재적인 것
이어야 하는가? 또 하나의 주요 논쟁으로는 *토대론 대 *정합론의
논쟁이 있다. 즉, 정당화의 토대가 되는 '적절한 기초 믿음'이 있는
가? 아니면, 모든 믿음은 상호 연관적 망 안에 있는 다른 믿음들을
기반으로 삼아 존재하는가? 몇몇 종교 철학자들은 종교적 믿음이
비합리적이라는 비판이 잘못된 인식론들에 토대를 두고 있다고 주
장한다. 즉, 어떤 지식 이론이 종교 외에 다른 분야에만 적용되는
것이라면, 그 지식 이론은 다른 분야에서도 마찬가지로 지식을 생
성하는 것이 불가능하다.

인지認知 cognition, cognitive 지식이 획득되는 과정 및 그 과정에 딸
린 것. 인지적인 것은 알 수 있는 것이며, 따라서 인지 명제cognitive
proposition는 참 또는 거짓일 수 있는 것이다. *논리 실증주의는 감
각 경험으로 검증될 수 있는 것만이 (언어적 의미만으로 참이 되는

분석 명제*가 아닌) 참된 인지 명제라는 주장으로 두각을 나타내
었다. 실증주의자들은 신학적 명제가 이러한 감각 경험을 통해 검
증될 수 없으며, 따라서 신학적 명제에는 시적이고 감성적인 의미
가 있을지는 몰라도 인지적 의미는 없다고 주장하였다.

일반 계시─般啓示 general revelation 하나님께서 경외심과 의존감 같
은 일반적인 종교 경험을 비롯하여 자연 세계를 통해 하나님을 아
는 것이 가능하도록 하셨기에, 그로써 얻은 하나님에 대한 지식에
사용되는 용어. 일반 계시를 옹호하는 사람들 중 일부는 하나님의
선하심도 자연 질서에 나타난다고 주장해 왔지만, 대다수는 일반
계시를 통해 강력한 창조자가 존재한다는 지식까지만 충분히 알려
진다고 주장해 왔다. 일반 계시는 *특별 계시와 구분된다. 특별 계
시는 하나님께서 역사 속 특정한 때에 선지자들과 사도들을 통해
서 주신 것이며, (그리스도인들에게는) 나사렛 예수를 통해 정점에
이른 것이다. 특별 계시는 자신의 피조물과 관계된 하나님의 행동
과 성품에 관한 지식을 일반 계시보다 더 구체적으로 제공한다. **참
조.** *계시.

일반 은혜─般恩惠 common grace 하나님이 구원하신 택함 받은 사
람들뿐만 아니라, 모든 인간과 심지어 자연 질서에까지 총체적으
로 뻗어 있는 하나님의 *은혜. 일반 은혜를 강조하는 신학자들은
죄인이 지식을 얻는 것, 정부의 통치나 예술과 같은 문화적 업적을
개발하는 것 등의 일이 가능하게 하는 것이 하나님의 은혜로운 행
동("의로운 자와 불의한 자 모두에게 비를 내려 주시는 것")이라고
말한다.

일신교(론)─神敎(論) monotheism *유신론을 보라.

일원론─元論 monism 실재는 근본적으로 하나라는 *형이상학적 견
해. 따라서 일원론자들은 우리가 경험하는 것으로 보이는 대상들
의 다원성이 그저 현상일 뿐이라고 주장하거나 완전한 실재가 아

● 예를 들어, "모든 총각은 미혼이다"는 언어적 의미만으로 참이 되는 분석 명제이
다. 이는 감각 경험과는 무관하다.

니라고 주장한다. 일원론은 종종 절대적 *관념론 및 특정 형태의
*힌두교, 주로 *아드바이타 베단타와 연결되어 있다.

일의적義義的 univocal 어떤 용어가 논증이 전개되는 동안 같은 의미
로 사용되는 상태를 묘사하는 형용사, 또는 하나님과 유한한 대상
모두에게 적용되는 어떤 용어가 동일한 의미로 사용되는 상태를
묘사하는 형용사. **참조.** *서술(유비적, 일의적, 다의적), *애매한,
*유비적 서술.

입증의 부담立證-負擔 burden of proof #입증 책임 소송 당사자에게 자
기 입장을 뒷받침할 증거 제시의 책임이 있음을 나타내는 법률 용
어〔입증 책임〕. 따라서 형사 재판에서 입증의 부담은 검찰 측에 있
다. 검찰이 유죄를 입증하지 못한다면, 피고에게는 무죄 추정의 원
칙이 적용된다. 철학에서는 입증의 부담을 안고 있는 쪽이 어느 쪽
인지 종종 논란이 된다. 예를 들면, 몇몇 비신자들은 "우리에게 하
나님의 존재에 관한 증거가 없다면 *무신론이 합리적인 입장이다"
라고 주장하는 '무신론 추정'을 옹호한다. 반면에 *개혁주의 인식
론 진영에 있는 철학자들은 증거나 논증이 전혀 없다 해도, 하나님
의 존재를 부정할 수 있는 건전한 논증이 없는 한, 하나님을 믿는
것이 완벽히 합리적일 수 있다고 주장한다. 이 둘 사이의 중도적
입장에서는 양쪽 모두에게 특별한 입증의 부담이 없다고 보고, 단
순히 알려진 모든 것에 비추어 볼 때 가장 이치에 맞는 것이 곧 가
장 합리적인 견해라고 본다.

ㅈ

자기 비움自己- *케노시스 이론을 보라.

자기 자신自己自身 *자아를 보라.

자아自我 self #자기 #자신 의식적 사고의 자리이자 지향적 활동의
근원인 '나'로, 종종 *영혼과 동일한 것으로 이해된다. 자아의 본성

및 자아와 신체의 관계는 철학적으로 많은 논쟁을 낳는다. 몸이 죽
은 후에도 사람이 계속 존재할 수 있을까? 사람을 자아로 생각하
는 것은 특히 주체, 즉 존재의 내면적 차원에 초점을 맞추는 것이
다―내가 타자에 대해 인식할 수 있는 방식과는 다르게 나는 나 자
신을 자아로 자각한다. 그리고 자아의 자유와 책임에 관하여도 많
은 논쟁이 있다. 의식적 자아가 자아를 형성해 온 인과적 힘을 어
느 정도라도 초월할 수 있을까? **참조.** *인격, *정체성(개인의).

자연과 은혜의 관계自然-恩惠-關係 nature/grace relationship 자연 질서
와 그리스도 안에서 하나님이 행하신 구속 사역 사이의 관계. 가톨
릭, 특히 중세 시대의 가톨릭에서는 "은혜는 자연을 전제하고 자연
을 완성한다"(토마스 *아퀴나스의 표현)라고 생각하는 경향이 있
었다. 몇몇 종교개혁 사상가들은 이러한 공식이 자연 질서의 타락
성을 온전히 인정하고 있지 않다는 이유로 의구심을 품었다. (**참
조.** *타락) 이러한 문제는 *윤리학에서 특히 중요하다. 즉, 그리스
도교 윤리학이 *자연법의 윤리를 전제하고 있는지 여부에 관한 문
제, 더 정확하게 말하면 그리스도교 윤리학이 어떤 전혀 다른 별개
의 윤리적 사유 체계로 이해되어야 하는지를 묻는 물음과 관련하
여 중요하다.

자연법自然法 natural law *특별 *계시와 무관하게 인식될 수 있으며,
인간의 행동을 지배하는 것으로 여겨지는 도덕 원리들. 대개 자연
법의 옹호자들은 적어도 자연법의 기본 원리들은 모든 사람이 알
수 있으며, 따라서 자연법이 '마음에 새겨졌다'고 말할 수 있다고
생각한다. 자연법 전통은 *도덕을 사물이 지닌 '본성'natures 및 그
러한 본성의 목적과 연결시킨다. 자연법을 믿는 몇몇 자연주의자
들은 자연법을 은유적으로 사용하지만, 유신론자들은 자연법을 하
나님이 공표하신 문자로 기록된 *법으로 생각한다.

자연 신학自然神學 natural theology 하나님으로부터 받은 *특별 *계시
없이 하나님에 대한 *지식을 얻으려고 시도하는 학설. 대개 자연 신
학자들은 포괄적인 인간 경험을 숙고함으로써, 그리고 *우주론적

논증, *목적론적 논증과 같은 *신 존재 논증으로부터, 하나님의 존재를 추론하려고 시도한다. 전통적으로 가톨릭 신학은 자연 신학의 가치를 단언해 온 반면, 많은 개신교, 특히 *개혁주의 전통의 개신교는 자연 신학의 가능성에 대해 별로 지지를 보내지 않았다.

자연의 빛自然- natural light *선험적 토대에 기초하여 어떤 *진리들을 확실히 분별할 수 있는 *이성의 능력을 묘사하는 은유적 방식. 특히, 르네 *데카르트는 그러한 진리들이 '자연의 빛'을 통해 알 수 있는 진리로서 자명하다고(인간 이성에 명석판명하다고) 기술하였다. 이 은유는 어느 정도, 마음에 비추시는 신적 조명의 결과로 얻은 *지식을 매우 강조했던 중세 시대의 유물이다.

자연주의自然主義 naturalism 자연이 존재하는 모든 것이라는 철학적 이론. 자연주의자들은 대개 *하나님, *천사, *악령의 존재를 부정하며, *죽음 이후의 삶에 대해서도 회의적이다.

자유 의지自由意志 free will *자신으로부터 시작된 진정한 선택을 할 수 있는 행위자의 능력. 자유 의지론자들은 주장하기를, 자유 의지에는 의지 자체를 결정할 능력이 포함되어 있으며, 그래서 자유 의지를 지닌 사람은 하나 이상의 의지를 품을 수 있다. *양립 가능론자들은 자유 의지를 어떤 외부의 원인에 의해서가 아니라 자기 자신의 의지에 따라서 행동할 능력으로 본다. 다만 의지 자체는 궁극적으로 자아 너머에 있는 무언가에 의해 인과적으로 결정된 것이라고 볼 것이다. 강한 결정론자들은 자유 의지의 존재를 완전히 부정한다. 대부분의 그리스도교 신학자들은 인간이 어떤 의미에서 자유 의지를 가지고 있다고 생각하지만, 어떤 종류의 자유가 필연적인지에 대해서는 의견이 일치하지 않는다. 자유 의지를 지닌다는 것에 죄를 짓지 않을 능력이 포함되지는 않는다. 왜냐하면 인간의 자유는 인간의 *성품에 의해 형성되고 또 제한되기 때문이다. 따라서 인간 인격체에게 어떤 상황의 여러 가능성 중에서 선택할 자유가 있을 수 있겠지만, 그럼에도 모든 죄를 피할 능력이 있는 것은 아닐 것이다. **참조.** *결정론, *양립 가능론, *자유 의지론(형이상학적).

자유 의지론(형이상학적)自由意志論(形而上學的) libertarianism (metaphysical)
*윤리학과 *형이상학에서, 인간 존재가 이따금 하나 이상의 의지
를 발휘할 수 있다는 견해. 이 견해에 따르면, 자유롭게 특정한 것
을 선택한 개인은 그것과는 다른 선택을 할 수도 있었다. 선택의
순간보다 앞선 과거가 전혀 달라지지 않았다 하더라도 말이다. 따
라서 자유 의지론자들은 *자유 의지와 *결정론이 일관성 있다고
보는 *양립 가능론을 거부한다.

자유 의지 옹호론自由意志擁護論 free will defense #자유 의지 변론 *자
유 의지에는 논리적으로 악의 가능성이 내재하기 때문에 악을 허용
하시는 하나님이 정당화 된다고 주장하는, 악의 문제에 대한 응답.
만약 자유 의지가 다른 위대한 *선을 가능하게 하는 위대한 선이라
면, 이러한 선함은 하나님이 악을 허용하실 만한 충분한 이유를 제
공하는 것인지도 모른다. 하나님이 전능하셔도 논리적으로 불가능
한 것을 할 수는 없기 때문에, 하나님이 몇몇 자기 피조물에게 자유
의지를 주길 원하신다면, 악의 가능성도 받아들이셔야만 한다.

자유주의(신학적)自由主義(神學的) liberalism (theological) 19세기 이래
로 개신교 *신학에서 그리스도교를 현대 문화 및 과학과 일관되게
만들고자 하는 목표를 우선순위로 두는 운동. 자유주의는 성서가
하나님으로부터 받은 권위 있는 명제적인 *계시라는 전통적인 관
점을 거부하고, 계시를 인류의 *종교적 경험이 전개되는 기록으로
보는 관점을 지지한다. 자유주의는 예수를 신적 속죄자요 구속자
로 보기보다 윤리 교사이자 윤리 모범에 가깝게 본다.

자유지상주의(정치적)自由至上主義(政治的) libertarianism (political) 정
치 철학에서, 개별 인간의 자유를 최우선적 가치로 보고, 그러한
자유에 대한 정부의 규제가 자유에 이바지하는 사회 유지에 필수
적인 것에 한정되어야 한다는 견해. 따라서 자유지상주의자들은
무정부주의자들과 대조적으로 국가 권력에 대한 정당화를 제공한
다. 그러나 전투나 범죄로부터 시민을 보호하기에 충분한 최소 국
가에 대해서만 도덕적 정당화를 주장한다.

자율自律 autonomy 임마누엘 *칸트의 윤리 이론에서 중요한 개념 중 하나로, 칸트가 주장하기를, 참된 도덕적 의무는 이성에 의해 제정된 것이어야 하며, 따라서 이성적인 도덕 행위자 자신이 도덕적 의무의 원천이 된다. 칸트는 형벌에 대한 두려움이나 보상에 대한 열망(이것은 자율이 아닌 타율적인 것이다)에서 벗어나 도덕률에 따라 행동하는 개인을 생각했다. 현대의 몇몇 급진적인 신학자들은, 인간이 반응하는 창조주-하나님의 존재 자체가 인간의 도덕적 자율성의 위협이 된다고 주장한다. 그래서 그들은 하나님을 인간이 발명한 상징이나 이상화된 대상으로 이해해야 한다고 제안한다.

자이나교-敎 Jainism 브라만교〔바라문교婆羅門敎〕Brahmanism의 베다 Véda의 권위를 받아들이지 않는다는 점에서 *힌두교와는 구별되는 인도 종교 중 하나.● 자이나교는 고타마(붓다)와 동시대인인 기원전 5세기 마하비라Mahāvīra, 599?-527? BC의 가르침에서 발전하였다.자이나교는 불상해不傷害; ahimsā의 원리에 대한 헌신 및 고행tapas에 대한 강조가 특징이다.

자존성自存性 aseity *하나님은 그분 자신과 구별되는 어떠한 존재에게도 전혀 의존하지 않으신다는 하나님의 속성. 하나님이 아닌 존재들은 모두 하나님께 의존하지만, 하나님은 자기 자신 외에는 아무것에도 의존하지 않으신다.

전능全能 omnipotence 모든 것이 가능하다는 특성. 보통은 하나님의 본성과 상충되지 않으면서 동시에 논리적으로도 가능하다면 어떤 *행동이든 수행할 수 있는 능력으로 이해된다. 전능은 전통적인 *하나님의 속성 중 하나이다. 이 속성에 대한 분석을 시도하는 많은 사람들은 '돌의 역설'을 중심으로 전능함에서 제기되는 논리적 어려움을 생생하게 묘사해 왔다. 돌의 역설은 다음과 같은 질문으

● 인도 철학은 베다의 권위를 인정하는 정통에 속한 유파(āstick)와, 베다의 권위를 인정하지 않는 비정통의 무파(nāstika)로 나뉜다. 유파는 육파철학(육바라문)으로 대표되며, 무파는 불교, 차르바카(유물론) 및 육사외도(불교의 관점에서 부른 명칭)로 대표된다. 자이나교는 육사외도에 속한다.

로 시작한다. "하나님께서는 자신이 옮길 수 없는 돌을 만들 수 있는가?" 만들 수 있다면, 하나님께서 할 수 없는 일(돌을 옮기는 일)이 있다는 말이 된다. 그러나 하나님께서 그러한 돌을 만들 수 없으시다면, 그 또한 하나님께서 할 수 없는 것이 있는 것처럼 보인다. 이 역설의 근원은 전능한 존재가 자신을 제한할 수 있는지 여부에 관한 문제이다.

전선全善 omnibenevolence 완전히 *선하다는 특성. 전선은 전통적인 *하나님의 속성 중 하나이다. 그리고 전선은 완전하신 하나님이 필연적으로 소유하게 되는 속성으로 여겨진다.

전제주의前提主義 presuppositionalism 대개 코넬리우스 *반 틸 및 그의 제자들과 연관된 변증 전략. 전제주의자들은 인간의 모든 믿음 체계가 증명할 수 없는 기초 가정에 의존한다는 점을 강조하면서, 성경적 *신앙(또는 그러한 신앙이 없음)이 우리의 전제를 형성하는 데 있어 결정적이라고 주장한다. 이러한 견해에 따르면, 신자와 불신자가 공유하는 공통의 기반은 존재하지 않거나 제한적이므로, 변증적 논증은 불신자의 사고 체계 안에 있는 잘못된 전제에서 비롯된 모순을 드러내기 위해서 불신자의 사고 체계를 탐구하는 형태를 취해야 한다. **참조.** *개혁주의 인식론, *증거주의.

전지全知 omniscience 모든 것을 아는 특성. 전지는 전통적인 *하나님의 속성 중 하나이다. 전지는 흔히 모든 명제의 *진리치를 아는 것으로 분석된다. 여기에서 논란의 중점은 신적 *예지와 인간의 *자유 의지가 양립할 수 있는가 하는 점이다. 물론 이 둘 사이에 모순이 없다는 주장을 옹호하는 이들도 많다. (**참조.** *양립 가능론, *중간 지식) 그러나 어떤 이들은 하나님의 전지가 미래에 일어날 모든 *행동에까지 뻗어 있지는 않다고 논증한다. 왜냐하면 그러한 행동에 대한 명제들이 아직까지는 참도 거짓도 아니기 때문이거나, 그게 아니면 그것들의 진위를 아는 것이 논리적으로 불가능하기 때문이다.

전체론全體論 holism #전일론 #총체주의 의미와 정당화의 이론 대한

*인식론에서 사용되는 전체적인 상호 연관성을 강조하는 용어. 언어가 언어 외부의 실재를 지칭함으로써 의미가 결정된다고 보지 않고, 개념들의 상호 관계에 의해 의미가 결정된다고 보는 이론을 보통 전체론적이라고 한다. 정당화에 대한 정합론적 설명과 비토대론적 설명 또한 전체론적이라고 한다. (**참조**. *정합론, *토대론) 두 경우 모두, 의미 또는 정당화가 개념망 또는 믿음망 안을 차지하는 장소의 기능을 한다고 말해지면서, 망web의 이미지가 자주 사용된다.

전통傳統 tradition 역사적 공동체가 계승하고 발전시킨 지혜의 알맹이 또는 수용된 교리. 전통은 무언가 '양도된'이라는 의미의 용어에서 유래하여, 원래 유대인들과 (그리스도교의) 교회가 물려준 성서와 후대의 신조들을 의미하는 것이었다. 전통이라는 용어는 이제 공동체에 의해 계승된 신앙을 지칭하는 더 넓은 의미로 이해되고 있다. 그래서 *개혁주의 전통과 같이 특정 그리스도교 전통으로도 말해질 수 있고, 힌두교 전통이라고도 말해질 수 있다. 종교개혁자들이 전통보다 성서에 더 높은 권위를 상정하였기 때문에, 신조와 공회에 표현된 교회 전통의 상대적 권위는 성서의 권위와 비교되면서 종교개혁 시기 동안 쟁점이 되었다. **참조**. *솔라 스크립투라.

정당전쟁론正當戰爭論 just war theory #정전론 오직 특정 조건이 충족될 때에만 그리스도인들이 합법적으로 전쟁에서 싸울 수 있다는 윤리 이론. 그러한 조건들로는 다음과 같은 것이 포함된다. "이유가 정당해야 한다. 합법 정부에 의해서 수행되어야 한다. 사용되는 수단이 도덕적이어야 한다. 전쟁이 최후의 수단이어야 한다. 전쟁의 목표를 달성할 만한 합리적인 승산이 있어야 한다." 정당전쟁론은 가톨릭과, 루터교, 개혁주의 신학자들 사이에서 전쟁에 참여하는 것에 관한 지배적인 관점이다. 메노나이트파, 퀘이커교, 그밖에 평화를 추구하는 교회 구성원들은 전통적으로 정당전쟁론을 거부해왔다. 오늘 날에는 정당전쟁론을 가르쳐 온 전통에 대해 점점 의

문을 던지고 있다. 특별히 핵전쟁의 가능성의 측면에서 의문시되고 있다.

정당화正當化 justification #칭의 #의화 인식론에서 다양한 방식으로 사용되는 긍정적인 평가에 관한 용어. 어떤 믿음을 받아들이고 주장함에 있어 적절하게 자신의 인식적 의무를 다할 경우, 그 믿음이 의무론적으로 정당화된다고 말해진다. 어떤 믿음이 참일 개연성을 높여 주는 적절한 이유에 기초할 때, 또는 옳은 근거나 토대를 가질 때, 그 믿음은 좀 더 실질적인 의미에서 정당화된다고 말해진다. 인식론에서의 정당화는 신학에서의 정당화〔칭의〕와 명백히 구별된다. 신학에서는 인간 존재가 여전히 죄인임에도 불구하고 의롭다고 여기기에 충분한 보증으로서 예수의 속죄를 받아들이신 하나님의 행동으로 정당화〔칭의〕가 언급된다.

정령신앙精靈信仰 *애니미즘을 보라.

정언 명령定言命令 categorical imperative 임마누엘 *칸트에 의하면, *도덕에서 최상위 원리이다. 칸트는 가언 명령hypothetical imperative 과 정언 명령을 구별하였다. 가언 명령은 조건적으로 행동을 명령하는 것이다. 즉, 가언 명령은 목적을 위한 수단이고, 반드시 해야 하는 것은 아니다. 예를 들면, "충치를 원하지 않는다면 정기적으로 이를 닦아라"와 같은 명령이 가언 명령에 해당한다. 정언 명령은 무조건적인 행동을 명령하는 것이다. 칸트는 다음과 같은 단 하나의 정언 명령만 있다고 믿었다. "오직, 보편적으로 타당한 법이 될 수 있는 원칙에 근거하여 행동하라"● 그는 이 하나의 명령이 몇 가지 다른 방식으로 공식화될 수 있다고 생각하였다. 목적 그 자체에 관한 유명한 공식이 이에 해당한다. 즉, 우리는 사람(이성적인 주체)에게 타고난 가치와 위엄이 있다는 점, 그저 자신의 목적을 위한 수단으로 다른 사람을 대하면 안 된다는 점을 늘 인지하는 식으로 행동하라는 명령이다.

● 칸트의 원문에 좀 더 충실한 번역은 다음과 같다. "네 의지의 준칙이 항상 동시에 보편적 입법의 원칙으로서 타당하도록 행동하라"

정의正義 justice 사람들에게 주어야 할 바를 주는 것. 정의는 사회적 이상으로서 정치 철학에서 중요한 개념이다. 전통적인 철학자들도 정의를 개인적 *덕목으로 보았으며, 정의로운 사람의 본성이 무엇인지와 어떻게 개인이 정의로운 *성품을 얻을 수 있는지를 물었다. 현대 사회에서는 경제적 정의, 응보적 정의, 정치적 정의의 본성에 대해 많은 논쟁을 벌이고 있다. 정의에 대한 신학적 문제는 *예정 교리 및 영원한 형벌로 이해된 *지옥과 같은 교리에 의해 제기된다.

정전론正戰論 *정당전쟁론을 보라.

정체성, 개인의正體性, 個人- identity, personal #동일성 시간의 흐름 속에서 어떤 사람이 수적으로 동일한 개인이게끔 만드는 것. 개인의 정체성에 대한 이론은 세 종류로 나뉜다. (1) 개인의 동일성을 구성하는 기억 또는 어떤 다른 정신적인 연속성을 주장하는 심리학적 이론. (2) 같은 몸을 갖는 것이 어떤 개인을 동일한 자로 만들어 준다고 주장하는 신체적 이론들. (3) 개인의 정체성은 뭔가 궁극적이고 분석할 수 없는 것이거나, 그게 아니면 비물리적 *자아에 토대를 둔 것으로 마찬가지로 궁극적인 것이라고 주장하는 비환원주의적 이론들. 이러한 철학적 논쟁은 신체가 없는 *불멸성, *윤회, 몸의 *부활과 같이 다양한 형태로 *죽음 이후의 삶에 대한 직접적인 함축을 갖는다. **참조.** *인격성.

정초주의定礎主義 *토대론을 보라.

정합론整合論 coherentism *믿음의 정당화는 믿음들 사이의 관계에 있다고 주장하는 인식 이론. 따라서 보통 정합론자는 기초 믿음 또는 토대 믿음과 같은 특별한 명제가 없다고 여긴다. 오히려 믿음들로 이루어진 거미줄과 같은 구조 속에서 어떤 믿음들은 다른 믿음들보다 좀 더 중요하지만, 또 어떤 믿음들은 망의 일부로서 서로를 뒷받침한다. 좀 더 과한 형태의 정합론은 정당화되는지 여부●● 뿐만 아니라 *진리인지 여부에 대해서도 정합설을 적용한다. ●●●

●● 정당화 정합론(coherence theory of justification) ●●● 진리 정합론(coherence theory of truth)

즉, 참인 명제는 믿음들로 구성된 어떤 관념적인 정합 체계의 일부가 된다는 것이다. **참조.** *인식론.

제거적 유물론除去的唯物論 eliminative materialism 정신적 '실체'로 구별되는 것의 존재를 부인하며, 정신 '상태'를 물리적 상태와 동일시하거나 또는 물리적 상태로 환원할 수 있다고 보는 유물론의 한 형태. 따라서 제거적 유물론자는, 이상적인 과학 원칙에 따른 세계 설명에는 '믿음'이나 '감각'처럼 정신적 실체로 언급되는 대상이 들어설 자리가 없다고 주장할 것이다. 제거적 유물론자들은 '고통'과 같은 실체가 실제로는 특정한 두뇌 작용이라고 대응시켜서 말하지 않는다. 그 대신 과학이 진보함에 따라, 우리가 '고통'이라고 (혼란스럽게 잘못) 불렸던 것에 대한 논의가 적절한 종류의 두뇌 과정에 대한 논의로 대체될 수 있다고 주장한다.

제국주의帝國主義 *식민주의, 온정주의, 제국주의를 보라.

제임스, 윌리엄 James, William (1842-1910) 미국의 철학자이자 심리학자이며, *실용주의의 창시자 중 한 명. *종교 철학에서 제임스는 '믿고자 하는 의지'라는 논증으로 잘 알려져 있다. 이는 *신앙이 증거의 우위로써 지지받지 못한다 하더라도 합리적일 수 있다는 주장이다. (**참조.** *믿고자 하는 의지) 그는 또한 『종교적 경험의 다양성』(The Varieties of Religious Experience: 한길사)에서 보인 종교적 삶에 대한 예리한 묘사로도 잘 알려져 있다.

제1원인第一原因 *우주론적 논증 참조.

젠더 gender 원래는 여러 언어의 문법적 구조에 관한 용어로, 이들 언어에서 명사는 남성 명사 또는 여성 명사로 표기된다(몇몇 언어에서는 중성 명사도 있다). *페미니즘 이론가들은 성적 차이를 생물학적 필연성이 아닌 문화적 구성물로 이해할 수 있는 방식을 표현하기 위해 이 용어를 사용해 왔다. 따라서 페미니스트들은 신학과 철학을 포함한 수많은 전통 학문이 남성적이며 젠더-편견적인 관점을 반영하고 있다고 주장한다. 이는 여성의 경험과 관심을 충분히 취하지 않은 관점이다. **참조.** *가부장제/모권제, *페미니즘.

조로아스터교-敎 Zoroastrianism #배화교 이슬람이 들어오기 전에 고대 페르시아(이란)에서 시작된 그 지역의 지배적인 종교였으나, 오늘날에는 소수의 신앙이 된 종교. 생몰 연대가 미상인 조로아스터(차라투스트라)Zoroaster: 압 Zarathuštra, 630?‑553? BC의 이름을 딴 조로아스터교는 기원전 3세기부터 기원후 7세기까지 페르시아의 공식 종교가 되었다. 조로아스터교는 빛과 선의 신인 아후라 마즈다Ahura Mazdā가 강력하고 악한 영을 이기려고 분투한다는 *이원론이 그 특징이다. 그러나 현대의 조로아스터교도들은 자신들이 일신교도이며, *마니교의 존재론적 이원론과는 달리, 자신들은 물리적 세계를 필연적으로 나쁜 것이라고 보지 않는다고 주장한다.

존재론存在論 ontology 존재에 대한 연구. 존재론은 종종 *형이상학과 동의어로 간주된다. 그러나 마르틴 *하이데거와 같은 몇몇 사상가들은 이 둘을 다르게 본다. 하이데거는 존재론을 존재의 의미를 이해하기 위한 탐구로 보았지만, 이와 대조적으로 형이상학을 존재자들의 구체적인 유형에 관한 연구로 보았다.

존재론적 논증存在論的論證(證明) ontological argument 신 개념은 필연적으로 존재를 함축한다고 주장하는 신의 존재에 대한 *선험적 논증. (**참조.** *필연적 존재) *안셀무스가 이 논증을 창시한 것으로 여겨진다. 안셀무스는, 하나님은 "생각할 수 있는 모든 것보다 더 큰" 존재이며, 생각 속에만 존재하는 존재자는 그러한 존재일 수 없다고 주장하였다. 르네 *데카르트와 고트프리트 *라이프니츠도 존재론적 논증을 옹호하였으며, 데이비드 *흄과 임마누엘 *칸트는 존재론적 논증을 공격하였다. 20세기에는 알빈 *플란팅가와 노먼 말콤Norman Malcolm, 1991‑1990과 찰스 하트숀Charles Hartshorne, 1897‑2000이 존재론적 논증을 옹호하였다. 몇몇 20세기판 존재론적 논증은 필연적 현존이 하나님의 본질적인 속성이라는 발상에 강조점을 둔다.

존재의 사슬存在- chain of being 다수의 고대·중세 및 근대 초기 철학자들의 세계관에서 중요한 요소로, 여기에는 충만의 원리a principle of plenitude라는 가정을 담고 있다. 충만의 원리는 가장 낮은 것에서 가장 높은 것에 이르기까지, 가능한 모든 유형의 존재들이 현실화되어야만 한다는 뜻이다. 따라서 중세 세계에서는 다양한 존재들이 서로 다른 등급을 가진다는 생각이 보편적이었다. 즉, 사소한 기초 입자에서부터 식물과 동물을 거쳐 사람과 천사, 그리고 존재의 가능한 단계 중 최상위이신 하나님에 이르기까지 각각 다른 등급이 있다. 우주는 존재의 거대한 위계이며, 위계 안에 모든 지위들이 채워지는 것이 선善이었다. **참조.** *신플라톤주의.

존재의 순서/인식의 순서存在-順序/-順序 order of being/order of knowing #-질서 중세 철학에서 존재론적 순서와 인식론적 순서 사이의 구분. 예를 들어, 토마스 *아퀴나스는 하나님이 모든 존재자들의 존재 근원이라고 믿었다. 이런 이유로, 존재(*존재론)의 순서에서 하나님은 제1위이시다. 그러나 인간은 자신의 감각을 통해 유한한 대상들을 먼저 알게 되므로, 하나님의 영향으로부터 하나님의 존재를 추론해야 한다. 따라서 인식(*인식론)의 순서에 있어서는 유한한 대상이 하나님을 앞선다.

존재의 유비存在-類比 analogy of being *하나님은 무한하시고 피조세계는 유한함에도 불구하고, 세계의 존재는 그 창조주를 충분히 반영하고 있으며, 그래서 세계를 기술하는 데 사용되는 언어가 하나님께 유비적으로 적용될 수 있다는 관점. 보통 이러한 관점은 하나님의 존재 여부에 관한 철학적 논증과 관련된다. (**참조.** *신 존재 논증) 유비적 유사성은 인간에게 적용될 때 특히 타당한 것으로 여겨진다. 왜냐하면, 인간은 *하나님의 형상으로 창조되었기 때문이다. 칼 *바르트를 비롯하여 *자연 신학에 비판적인 사람들은 존재의 유비를 거부한다. **참조.** *유비적 서술.

종교 다원주의宗敎多元主義 *다원주의, 종교를 보라.

종교 언어 이론宗敎言語理論 *언어 이론, 종교를 보라.

종교적 경험宗敎的經驗 religious experience 하나님 또는 거룩한 것에 대한 경험, 또는 그 밖의 종교적인 해석 내지 설명이 필요한 것에 대한 경험. 전자의 예로는 하나님에 대한 신비적 자각 및 하나님을 자각하게 되는 환상이나 목소리에 대한 경험이 포함될 것이다. (**참조.** *신비주의) 후자의 예로는 자연에 대한 아름다움 또는 숭고함—저녁노을, 산, 태어남 등등 하나님을 가리키는 것처럼 보이는 것—을 경험하는 것이 포함될 수 있을 것이다.

종교 철학宗教哲學 philosophy of religion 종교들의 여러 믿음들과 실천들에 대한 이해와 비판적 평가를 추구하는 *철학의 한 분과. 종교 철학자들은 하나님의 존재, 종교의 본성, 죽음 이후의 삶의 가능성(그리고 *윤회, *부활과 같은 죽음 이후의 삶에 대한 구체적인 견해)을 비롯하여 세계의 위대한 종교들이 제기하는 그 밖의 여러 문제들에 대해 논의한다.

종말론終末論 eschatology '마지막 일들'last things 또는 역사의 결말〔목적〕을 다루는 *신학의 한 분야로 그리스도의 재림, *최후의 심판, *천국과 *지옥의 본성과 같은 주제들을 포함한다.

종말론적 검증終末論的檢證 eschatological verification 종교적 진술이 진리인지 거짓인지 경험적으로 검증할 수 있지만, 그러한 검증이 죽은 후에만 가능하다는 관점. 존 *힉은 *논리 실증주의자들의 비난에 대한 응답으로 이러한 관점을 전개했다. 논리 실증주의자들은 종교적 명제들이 경험적으로 검증 불가능하기 때문에, 인지적으로 무의미하다고 비난하였다. **참조.** *경험론, *논리 실증주의, *언어 이론.

죄罪 sin 인간이 하나님 중심적으로 신뢰하며 살지 못했을 때, 그 결과 발생하는 근본적인 결함 또는 과녁에서 벗어남. 죄는 인간이 하나님으로부터 소외된 상태이자 불신하는 마음에서 기인한 행동으로 볼 수 있으며, 따라서 하나님의 의지에 저항하는 것이다. 또한 죄는 개개인 안에 있는 실재로도 이해될 수 있으며, 사회적 구조를 형성하는 요인으로도 이해될 수 있다.

주관주의主觀主義 subjectivism 보통은 객관적인 참 또는 거짓이라고 생각되는 것을 주관적인 것이라고 보는 철학 또는 인생관. *윤리학에서 정서주의emotivism가 주관주의의 한 예이다. 정서주의는 윤리적인 판단을 주관적인 정서의 표현으로 보는 견해이다. 주관주의는 사실상 개인 *상대주의의 한 유형이다. **참조.** *객관성.

주권主權 sovereignty 궁극적인 권위와 권력을 소유함. 정치 이론에서는 종종 국가가 주권자로 간주된다. 반면 *신학에서 주권은 전능하시며 전지하시고 우주를 자신의 목적대로 다스리시는 창조주의 특성 중 하나이다. 아우구스티누스주의 사상가들과 개혁주의(칼뱅주의) 사상가들은 하나님의 주권 개념을 특히 강조한다. **참조.** *개혁주의 전통, *하나님의 속성.

주의주의主意主義 voluntarism 어떤 현상을 이해함에 있어 의지의 선택을 본질적인 측면으로 여기는 철학적 견해. 따라서 믿음의 측면에서 주의주의는 믿음이 선택 또는 의지라는 주장이다. 신학적 주의주의는 하나님의 의지가 어떤 점에서는 그분의 지성보다 위에 있거나 지성으로부터 독립적이라고 주장한다. 예를 들어, 신학적 주의주의자들은 선한 것이 선한 이유는 하나님께서 그것을 의도하셨기 때문이라고 말할 것이다. 따라서 선에 대한 하나님의 이해는 그분의 의지에 의존한다. 약한 의미에서의 주의주의는 인간의 의지가 지성에 의해 결정되지 않는다는 주장이다. 그러므로 사람이 지성에 의거하여 최선의 선택으로 보이는 것을 필연적으로 선택하지는 않는다.

죽음 이후의 삶-以後- life after death 의식이 있는 인격적 존재가 죽음 이후에 계속되는 것. 전통적으로 대부분의 그리스도인들은 개별 존재가 죽음과 부활 사이의 어떤 '중간 상태'(구원받은 자들이 하나님과 함께 있는 상태)로 지속되지만, 그래도 죽음 이후의 삶에 대한 그러한 소망은 몸의 부활에 대한 하나님의 약속에 기초한다고 가르쳐 왔다. 이러한 견해는 몸과 분리될 수 있는 영혼의 존재를 함축한다. 20세기의 몇몇 신학자들은 그리스도인들이 인격과 몸을 동일시하는 인간 인격에 관한 '물리주의적' 관점을 취해야 한다고 주장해 왔다. 그러한 관점은 중간 상태와 양립할 수 없으며, 다음과 같은 문제에 직면한다. 죽은 사람과 몸으로 부활한 사람 사이에서 동일성을 제공해 줄 영혼이 없다면, 어떻게 그 둘이 동일한 사람일 수 있을까?

죽음 이후의 존속-以後-存續 survival of death 생물학적 생명이 끝난 후에 계속되는 존재. 모든 큰 종교들은 어떤 방식으로든 죽음 이후에 일어나는 일에 대한 문제에 답을 주고 있다. 또한 이 대답이 삶과 죽음의 의미에 대해 함축하는 바를 제시한다. 죽음 이후의 존속에 대해 인간이 생각해 왔던 몇몇 또 다른 방식으로는 *윤회, 육체와 분리된 영혼의 존재, *부활 같은 것들이 있다. 많은 그리스도인들은 육체에서 분리된 영혼과 부활이 연이어 일어나는 상태라고 여겨 왔다. 개인의 생존과 관련된 것 중에는 어떤 절대 정신에 흡수되어 통합되는 것과 신의 기억이 되는 것도 있다. 몇몇 현대의 *반실재론적 신학자들은 죽음 이후의 삶을 사실에 입각한 상태로 보는 것이 불가능하다고 생각한다. 다만 지금 여기에서의 삶에 의미를 부여하기 위한 그림이나 신화로 생각한다. 죽음 이후의 존속 가능성에 제기되는 철학적 문제는 주로 개인의 *정체성〔동일성〕그리고 인격과 몸의 관계에 대한 것이다.

중간 지식中間知識 middle knowledge 자유 의지론자들이 말하는 자유를 갖는 존재가 어떤 특정 상황에서 어떻게 행동했을지를 다루는 것으로, '자유에 관한 반사실적 서술'로 불리는 명제들에 관한 지식. (**참조.** *반사실적 조건, *자유 의지론). 중간 지식은 한편으로는 일어난 사실에 관한 명제들을 아는 것과 대조되며, 다른 한편으로는 아마 혹은 필연적으로 사실이 될 것에 관한 명제들을 아는 것과도 대조된다. 16세기의 철학자 루이스 데 몰리나Luis de Molina, 1535-1600는 하나님께 이런 종류의 지식이 있다고 생각했다. 그래서 하나님께 이런 지식이 있다는 견해를 종종 몰리니즘〔몰리나주의〕Molinism이라고 부른다. 만약 하나님께 중간 지식이 있다면, 하나님은 특정 세계를 창조하셔서 그 세계에서 피조물들이 어떻게 행동할지를 피조물의 자유를 제한하지 않은 채로 아실 수 있다. 따라서 몰리니즘을 지지하는 사람들은 이러한 견해가 다음 질문의 어려움을 해결해 준다고 믿는다. 하나님은 인간의 자유를 보장하면서도 동시에 인간이 무엇을 선택할지를 필연적으로 아실 수 있는가? **참조.** *결정론, *자유 의지, *하나님의 예지.

증거주의證據主義 evidentialism #험증주의 종교적 믿음(다른 종류의 믿음도 포함됨)이 증거에 기초를 두고 있는 경우에만 합리적이라는 견해. 대개 증거주의자들은 충분하다고 여겨질 수 있는 최소한의 증거를 열거한다(예를 들어, '증거가 없는 것보다 증거가 있는 것이 믿음을 더 개연성 있게 만들어 주는 그런 증거' 또는 '경쟁자〔반대자〕보다 더 믿음을 개연성 있게 만들어 줄 수 있는 증거'). 또 다른 증거주의의 대중적 형태는 일종의 비례적 '믿음의 윤리'ethics of belief로, 이는 믿음에 찬성하는 정도가 증거의 정도와 비례해야 한다는 주장이다. 이러한 종류의 믿음의 윤리는 존 *로크에게까지 거슬러 올라간다. 증거주의는 *개혁주의 인식론, 특히 알빈 *플란팅가와 니콜라스 *월터스토프의 작업에 의해 강한 도전을 받고 있다.

지각知覺 perception 인간이 자기 바깥의 대상이나 자기 신체를 자각하는 기능 내지 능력. 고대 이래로 철학자들은 지각의 본성과 지각의 신빙성에 대해 논의해 왔다. 지각에 대한 이론들을 다음과 같은 세 가지 유형으로 나누어 볼 수 있다. (1) 직접 실재론〔소박실재론〕. 대상들이 직접적으로 지각된다는 주장이다. (2) 표상주의적 실재론. 지각의 직접적인 대상이 정신 사건이라는 주장이다. 예를 들어, 대상을 재현하는 이미지나 관념과 같은 것들이 직접적인 지각 대상이다. (3) 관념론. 지각된 대상은 그저 정신 사건의 다발이라는 주장이다. (**참조.** *관념론, *반실재론, *실재론) 지각의 신빙성을 논증해 보려는 많은 시도가 있었다. 토마스 *리드와 같은 철학자들은 인간의 수많은 기본 기능을 신뢰할 만한 것으로 받아들여야 하며, 지각은 그러한 기능 중 하나라고 주장해 왔다. 최근에는 윌리엄 *올스턴이 하나님을 지각한다는 주장은 일상적인 지각적 주장과 인식론적으로 대략 동등하다고 논증했다. **참조.** *인식론.

지복직관至福直觀 Beatific Vision 인간이 하나님을 직접적으로 인식하여 누리는 극도로 황홀하거나 행복한 상태. 많은 종교 철학자들은 지복직관을 최고선supreme good: 라 summum bonum으로 여겨 왔다. 이 최고선은 그것을 알든 모르든 간에 모든 인간이 구하는 것이다. 이러한 상태는 순리대로라면 오직 죽음 이후에 얻을 수 있다고 일반적으로 주장되어 왔다.

지식知識 knowledge 보장되거나 정당화된, 참된 *믿음. 무엇이 거짓인지 알지 못하는 사람이 그저 운이나 추측의 결과로 참된 믿음을 갖게 되었을 때, 그러한 믿음은 지식을 구성하는 것으로 보이지 않는다. 그러므로 대부분의 철학자들은 지식에는 정당화된 또는 보장된 참 믿음이라는 조건, 또는 신뢰할 만한 과정을 통해 얻게 된 참 믿음이라는 조건이 요구된다는 점에 동의한다. 물론 어떤 믿음을 보장한다는 것 또는 정당화한다는 것이 무엇인지에 대해서는 크나큰 의견 불일치가 존재하지만 말이다.

지옥地獄 hell 하나님으로부터 분리된 벌 받은 영혼의 궁극의 상태. 지옥을 중심으로 한 많은 철학적 논란들이 있는데, 특히 지옥의 존재는 *신정론에 대한 문제를 제기한다. 지옥은 전통적으로 끝이 없으며, 의식이 있는 상태에서 고통을 겪게 되는 장소로 생각되어 왔지만, 일부는 하나님으로부터의 진정한 분리는 멸절이라고 주장하였다. 왜냐하면 하나님으로부터 완전히 단절되는 것은 존재를 벗어나는 것이기 때문이다. C. S. *루이스와 같은 사상가들은 지옥이 응보적 형벌이라기보다 주로 선택의 결과라고 제안해 왔다. 즉, 하나님의 임재가 순수한 고통이 되는 사람들에게는 하나님의 사랑에 있는 궁극적인 자비가 그러한 임재로부터 벗어나는 것을 허용한다. 그렇게 함으로써 잃게 되는 선이 무엇인지 이해하는 사람들에게는, 이러한 것이 표현할 수 없을 만큼 끔찍한 운명으로 여겨지겠지만 말이다. **참조.** *천국.

지적 설계知的設計 intelligent design 자연 질서가 복잡한 형태로 이루어져 있어서, 그러한 질서에는 원인으로서 지적인 설계자가 요구된다는 과학적 가설. 필립 존슨Philip E. Johnson, 마이클 비히Michael Behe, 윌리엄 뎀스키William Dembski와 같은 지적 설계의 옹호자들은 지적 설계가 어떤 경험적 연구 프로그램을 뒷받침할 수 있는 개념이라고 생각한다. 지적 설계 운동을 한다고 해서 반드시 젊은 지구 *창조론에 헌신해야 하는 것은 아니다. 또한 지적 설계 운동은 어떤 과학적 관점으로부터 가설상의 설계자와 성경의 하나님이 동일하다고 주장하지 않는다.

진리眞理 truth #진실 사실에 대응하는 것 또는 사실을 적절하게 표현한 것. 대부분의 철학자들은 진리가 오로지 명제의 속성이라고 생각해 왔다. 명제적 진리에 대한 가장 흔한 설명은 *진리 대응론이다. 이는 명제가 있는 그대로의 사물과 대응한다면, 오직 그러한 경우에 한하여 명제가 참이라는 주장이다. 이와 경쟁하는 이론으로는 진리 정합론, 실용주의 진리론 등이 포함된다. 진리 정합론은 어떤 명제가 여러 명제들이 가장 정합적으로 연결된 체계의 한 부분일 때, 그 명제를 진리로 보는 견해다. 실용주의 진리론은 예측을 하고 실재를 다룸에 있어 유용성의 측면에서 참인 명제를 규정한다. 일상 언어와 성서에서는 진리라는 말이 보다 넓게 사용된다. 따라서 우리는 '참된' 우정이라든지 관계에 있어서의 '진실성'이라는 식으로 진리라는 말을 사용할 수 있다. 복음서에서 예수님께서 자신이 진리라고 주장하신 것도 (진리는 '주체성' 또는 '내면성'—자기의 삶이 진실된 것을 향하게 하는 내적인 정열—이라는 유명한 진술을 통해 쇠얀 *키에르케고어가 조명하고자 한 주장도) 이러한 의미에 해당한다.

진리 대응론眞理對應論 correspondence theory of truth 명제적 *진리에 대해 가장 널리 자연스럽게 받아들여진 견해로, 어떤 명제가 실재와 대응하면(또는 일치하면) 그 명제는 참이라는 주장을 담은 견해. 진리 대응론의 핵심은 명제의 참/거짓이 개별 실재에 의해 결정된다는 상식적인 개념에 있다. 따라서 이러한 진리관은 형이상학적 *실재론과 연결되어 있다. 대응론은 이러한 진리에 관한 상식적 개념 너머로 전개될 때 논란이 된다(예를 들어, 명제에 대응하는 사실의 영역에 대한 형이상학적 요청에 의해). 주요 경쟁 이론으로는 진리 정합론, 실용주의 진리론이 있다. 이 두 이론은 진리를 인간의 사고, 인간의 활동과 각각 밀접하게 묶어 놓은 것이다. **참조.** *실용주의, *정합론.

진리 정합론眞理整合論 coherence theory of truth **정합론** 참조.

진화론進化論 theory of evolution 생명체의 형태가 시간의 흐름에 따라 바뀌어 왔다는 또는 진화해 왔다는 이론. 소진화microevolution는 종 안에서의 발전으로, 이에 대해서는 논란의 여지가 없다. 대진화 macroevolution는 다양한 생명체가 더 단순한 형태로부터 진화해 왔다는 이론으로, 이는 종종 공통 조상 이론과 결합되어 있다. 공통 조상 이론은 모든 형태의 생물학적 생명체가 하나의 단순한 유기체로부터 진화해 왔다는 주장이다. 다양한 진화 이론이 전개되고 있지만, 오늘날 가장 일반적인 이론은 신다윈주의neo-Darwinian이다. **참조.** *다윈주의, *창조론.

창조 세계의 보존(유지)創造世界-保存(維持) conservation of creation 흔히 창조를 우주의 기원과 관련된 하나님의 활동으로 보지만, 전통적인 신학적 설명에서는 우주의 존재가 지속되는 것도 본질적으로 하나님의 창조 활동과 연결되어 있다고 주장한다. 이러한 관점에서 보면, 우주의 존재를 유지하시는 하나님의 활동은 우주가 시작되게 하신 활동과 실제로 같은 것이다. **참조.** *섭리.

창조 질서創造秩序 creation order 창조 세계에 있는 법과 유사한 구조, 또는 하나님의 의도에 뿌리를 둔 질서. 이 개념을 단언하는 사람들은 대개 창조 세계에 특정한 '질서들' 또는 '영역들'이 존재한다고 생각한다. 국가나 가족 같은 것들이 이에 해당한다. 그것들은 각각 그 고유의 목적과 규범이 있다. 이 용어는 또한 어떤 개별적인 질서나 영역을 지칭하기 위해서도 사용된다.

창조론創造論 creationism (1) 하나님께서 천지를 직접 창조하신 것이지, 어떤 진화와 같은 다윈주의 메커니즘을 통해 창조하신 것이 아니라는 이론. 일부 *지적 설계론 옹호자들은 오래된 지구 개념을 받아들이려 하지만, 다수의 창조론자들은 우주가 비교적 젊다고 가르친다(지구의 나이가 1만-5만 년 정도). (2) 인간 영혼을 아버지와 어머니로부터 온 생물학적 생성물로 보는 대신, 하나님께서 각각의 인간 영혼을 직접 창조하시고, 사람 안에 영혼을 불어 넣으셨다는 이론.

창조創造 creation 세상(그리고 그밖에 존재할 수도 있는 모든 피조물, 예를 들어 *천사나 *악령)을 만들고 유지하시는 하나님의 활동. 그리스도교 신학은 하나님께서 무로부터*ex nihilo* 자유롭게 세상을 창조하셨으며, 따라서 하나님께서 창조에 내재적으로 임재하신다 하더라도, 하나님은 창조 세계를 초월하신 분이라고 주장한다.

천국天國 heaven 그리스도교 *신학에서, 하나님을 알고 그리스도 안에서 그와 지복의 연합을 누리는 사람들의 궁극의 상태. 성서 안에서 천국에 대한 여러 이미지가 사용되었지만, 대부분의 신학자들은 천국에 존재한다는 것의 본성을 지금은 이해할 수 없다는 점에서 일치한다. **참조.** *지옥.

천사天使 angels *하나님의 사자나 대리자와 같은 일을 하는 강력한 영적 피조물. 천사가 실재한다고 믿는 다수의 철학자들은 천사들이 몸의 형태를 취한다 하더라도 비물질적인 존재로 생각한다. 천사가 인격적인 존재라고 믿는 많은 사람들은 또한 타락한 천사 즉 *악령의 존재도 믿는다. 악령은 자신들의 지도자인 사탄과 함께 신적 권위에 맞서 반역해 온 존재들이다.

철학哲學 philosophy 윌리엄 *제임스에 따르면, 철학이란 단순히 근본적인 질문들에 대해 명석하고 심도 있게 사유하려는 독특하면서도 집요한 노력이다. 흥미롭게도 무엇을 철학으로 간주할지 그 자체가 철학 안에서 논쟁거리이다. 서구에서 철학은 역사적으로 *플라톤, *아리스토텔레스, 데이비드 *흄, 임마누엘 *칸트와 같은 사람들에 의해 계속되고 있는 유형의 활동과 동일시될 수 있다. 철학은 다음과 같은 근본적인 문제들에 관한 언급과도 동일시 될 수 있다. "지식은 무엇인가?"(*인식론), "실재란 무엇인가?"(*형이상학), "선이란 무엇인가?"(*윤리학). 어떤 이들은 철학과 *신학을 날카롭게 구분하겠지만, 그럼에도 각각이 다루는 문제들은 상당 부분 겹친다. 이 둘을 구분하는 방법 중 하나는 참여자를 통해서 구분하는 것이다. 즉, 종교 공동체에 말을 건네고, 그 공동체에서 인정된 권위를 전제할 수 있는 사상가는 신학을 하고 있는 것이다. 동일한 사상가가 그보다 더 광범위한 공동체에 말을 건네고 있다면, 그 사람은 아마도 철학을 하고 있는 것이다.

철학적 신학哲學的神學 philosophical theology 신학자들의 주요 신념들과 *신학의 개념들에 대한 철학적 탐구. 철학적 신학자들은 신 존재 증명(반대) 논증과 같은 주제들을 다룰 뿐만 아니라, *전능, *전지, *영원과 같은 *하나님의 속성들을 분석하려고 시도하고, *삼위일체, *속죄, *성육신과 같은 신학 교리가 정합성이 있고 그럴듯한 것인지 가늠해 보려고 한다.

청교도주의淸教徒主義 Puritanism 칼뱅주의로부터 큰 영향을 받았으나, 영국 성공회에서 시작하여 17세기 영국과 북미에서 절정을 이룬 개혁 운동. 청교도가 고상한 척하는 율법주의적인 사람이라는 고정관념은 매우 잘못된 것이다. 청교도들은 맥주를 즐겼으며 웃을 줄 알았던 사람들이다. 청교도들은 시詩와 정치철학과 같은 다양한 영역에서 문화적 부흥을 일으켰던 사람들이다. 그리고 그들은 뉴잉글랜드에 건립한 식민지를 통해 지속적인 흔적을 남겼다.

체스터턴, G. K. Chesterton, Gilbert Keith (1874-1936) 수많은 분야에서 글을 쓴 다작가이자 창의력이 돋보이는 작가로, 오늘날에는 그리스도교 변증가로, 또 그의 작품 브라운 신부 전집(Father Brown detective stories)으로 가장 잘 알려져 있다. 체스터턴의 작품 중 사람

들이 가장 많이 읽는 작품으로는 『정통』(Orthodoxy: 아바서원), 『이단자
들』(Heretics), 『목요일이었던 남자』(The Man Who Was Thursday: 역본 다수)
등이 있다. 그는 C. S. 루이스에게 큰 영향을 주었다.

체화體化 embodiment #체현 그저 물리적 대상으로서가 아닌 내 몸
—내가 경험하고 내가 살아온 몸—에 초점을 두는 유럽의 *현상학
의 중심 주제 중 하나. 전통적인 유신론적 견해를 거부하는 범재신
론자들 또한 이 용어를 사용한다. 그들은 세계를 초월한 신 대신,
자연 질서에 구현된embodied 신을 생각한다. **참조.** *범재신론.

초월超越 transcendence 다른 것들보다 더 높음 또는 다른 것들을 능
가함. 따라서 무언가를 초월한다는 것은 피초월된 것에 상대적이
다. 전통적인 신학자들은 하나님을 피조 세계와 관련하여 초월하
는 존재로 생각한다. 즉, 하나님은 세계 바깥에 계시며 우주의 어
떤 부분도 하나님 내지 하나님의 일부와 동일시될 수 없다는 의미
이다. 하나님을 시간과 관련하여 초월하시는 분으로 생각하는 것
은 그분을 *무시간적인 분으로 생각하는 것이다. 임마누엘 *칸트
는 인간의 모든 경험 가능성 너머의 존재라는 의미에서 하나님이
초월하신다고 믿었다. 신학자들은 보통 하나님의 초월성에 대한
강조와 하나님의 내재성—피조 세계에 대한 그분의 지식과 피조
세계 안에서 행하신 행동 속에 구현된 것으로서 피조 세계 안의 내
재성—에 대한 강조의 균형을 맞춰왔다. 20세기에 몇몇 과정 신학
자들과 페미니스트 신학자들은 하나님과 세계가 친밀하게 연합된
것으로 보는 견해를 지지하면서, 하나님이 초월하신다는 주장을
비판했다. **참조.** *과정 신학, *페미니즘.

초월범주超越範疇 transcendentals #초월자 고전 철학에서, 개별 사물
에 적용되면서도 (아리스토텔레스의 *범주들에서 제시된 것과 같
은) 분류라는 도식을 초월하는 '연합', '존재', '선함'과 같은 보편적
술어들. 어떤 유형이든 상관없이 존재하는 것은 '하나이다', '선하
다', '존재를 갖는다' 등등의 보편적 술어로 이해된다.

초월적 논증超越論證 transcendental argument #선험적 논증● 어떤 현

상을 명백한 것으로 여기며, 무엇이 정말 실제로 *선험적인 것인지를 주장하는 논증. 고전적인 예로는 임마누엘 *칸트의 초월적 논증이 있다. 그는 과학적 지식의 타당성을 주어진 것으로 여기면서, 과학적 *지식은 오직 인간의 마음이 제공하는 선험적 형태의 직관(*시간과 공간)과 인간의 오성〔지성〕이 제공하는 선험적 *범주(*인과성, *실체 등)에 기초한다고 상정하는 경우에만 가능하다고 논증한다.

초월주의超越主義 Transcendentalism #초절주의 #초월 철학●● *낭만주의에 영향을 받았으며 선험적 직관을 강조한 19세기 뉴잉글랜드의 비정통적 종교 운동. 랄프 왈도 에머슨Ralph Waldo Emerson, 1803-1882과 헨리 데이비드 소로Henry David Thoreau, 1817-1862가 가장 유명한 초월주의자이다. 이 둘 모두 새뮤얼 테일러 콜리지Samuel Taylor Coleridge, 1772-1834의 책의 애독가였으나, 둘 사이의 일치점은 거의 없다.

최선의 설명 추론最善-說明推論 inference to the best explanation 가능한 모든 증거에 대한 최선의 설명이라는 이유를 들어, 이론이나 명제의 진리를 주장할 때 사용하는 추론 유형. 이런 식의 추론을 귀납이나 연역과는 다른 별개의 추론 형식이라고 생각하는 사람들에 의해, 간혹 '귀추법'abduction으로 불린다. (**참조.** *귀납 추론, *연역 논증) 최선의 설명 추론은 일상생활, 탐정 소설, 과학에서 일반적으로 사용된다. *누적 사례 논증을 옹호하는 사람들은 하나님의 존재를 논증함에 있어 이런 종류의 논증 양식에 호소한다.

● transcendental(독 transzendental)은 '선험적'으로도 번역된다. 그러나 칸트 철학에서 a priori(선험적)와 구분하기 위해서 보통 '초월적'으로 번역한다. '초월적'이란 선험적(경험과 독립적)이면서 동시에 경험적 인식을 가능하게 하는 것이다. 그리고 경우에 따라서는 '초월론적'(超越論的)으로 옮기기도 한다. 보통 그리스도교에서 '초월적'이라고 번역하는 'transcendent'(독 transzendent)는 transcendent-**al**과 구별할 필요가 있을 경우 '초험적'으로 번역한다. '초험적'이란 경험적 인식 가능성을 넘어서는 것이다. ●● 칸트의 철학이나 칸트 이후 독일의 철학적 경향을 가리킬 경우 '초월 철학'으로 번역하지만, 본문의 내용처럼 미국에서 유행한 사조를 가리키는 경우는 보통 '초월주의' 또는 '초절주의'로 번역한다.

최후의 심판最後-審判 last judgment 인간의 행위works와 *성품에 대한 하나님의 마지막 평가. 그리스도인들은 그리스도의 구원 사역이 심판의 날에 인간이 설 수 있는 유일한 희망을 준다고 믿는다. **참조.** *응보.

충족이유율充足理由律 principle of sufficient reason 모든 현실의 사실에는 그에 대한 설명, 즉 왜 그렇게 되고 다르게 되지 않은 것인지에 대해 어떤 이유가 있다는 주장. 이 원리는 일반적으로 고트프리트 *라이프니츠에게 기인한 것으로 여겨진다. 라이프니츠에게 있어 충족이유율은, 하나님은 자신이 선택하신 모든 선택에 대해 충분한 이유를 가지고 계신다는 가정의 형태를 취하고 있다. 충족이유율 혹은 충족이유율에 대한 몇몇 변형은 하나님의 존재에 대한 *우주론적 논증에서 중요한 역할을 한다. 이 논증은 유한한 우주의 존재에 대해 하나님만이 충분한 설명이 된다고 주장한다. 충족이유율을 부인하는 사람들은 어떤 사실들은 이유 없이 일어나며 따라서 우주에는 불합리한 (비이성적인) 요소가 있다고 주장한다.

칭의稱義 *정당화를 보라.

ㅋ

카넬, 에드워드 존 Carnell, Edward John (1919-1967) 20세기의 주도적인 복음주의 신학자 및 변증학자 중 한 명. 풀러신학교에 전임으로 거주하며 직임을 수행한 첫 총장으로, 복음주의 운동을 *근본주의와 구별하는 데에 선도적인 역할을 했다. 그는 근본주의를 '광신 기독교'cultic Christianity의 한 형태라고 비판했다. 카넬의 변증학적 논증은 '기독교를 옹호하는 것'을 '가치에 대한 지식 및 우리 자신에 대한 지식'에 연결시키려는 성향이 있다. 그리고 그는 쇠얀 *키에르케고어에 대한 글을 쓴 최초의 복음주의자 중 한 명이다.

카뮈, 알베르 Camus, Albert (1913-1960) 프랑스의 실존주의 소설가

이자 작가. 카뮈는 부조리에 대한 묘사로 유명하다. 그는 의미와
목적을 요구하는 인간 자아와 아무것도 표현하지 않는 무심한 세
계 사이의 부조화를 부조리로 묘사하였다. 그리고 카뮈는 이 무의
미한 세계에서 저항의 태도로써 어떤 의미를 끌어내는 실존주의적
영웅을 그렸다. 이 부조리한 영웅은 저항이 아무 쓸모없음을 분명
하게 이해하고 있지만, 그래도 계속 짐을 지고 간다. (시시포스처
럼, 바위가 필연적으로 다시 굴러 내려오더라도 계속 산 위로 바위
를 밀어 올린다.) 따라서 까뮈는 그가 *키에르케고어의 것으로 여
겨왔던 '도약'●을 거부한다. 알제리에서 태어나서 제2차 세계대전
기간 동안 레지스탕스 운동을 했던 카뮈는 자동차 사고로 인해 짧
은 생을 비극적으로 마감했다.

칸트, 임마누엘 Kant, Immanuel (1724-1804) *합리론과 *경험론의
통찰을 종합하려는 시도로 비판 철학을 전개한 최고의 근대 철학
자 중 한 명. 칸트는 『순수이성비판』(Kritik der reinen Vernunft, 1781: 아카
넷)에서 참된 과학적 지식이 가능하지만, 이러한 지식은 '현상적'
실재에 대한 것이라고 논증하였다. 즉, 그 자체〔물자체Ding An Sich〕
로서의 실재가 아니라 우리에게 나타난 것으로서의 실재이다. 인
간의 지식은 언제나 시간과 공간과 범주로 구성된다. 시간과 공간
은 인간의 마음에 있는 '직관의 형식'이다. 범주는 인간의 오성〔지
성〕이 제시하는 인과성과 실체 같은 것들이다. 칸트의 관점에 따르
면, 전통적인 *자연 신학은 실패했으며 하나님에 대한 어떤 이론
적 지식도 불가능하지만, 그럼에도 이성의 한계를 인정하는 것이
합리적, 도덕적 신앙이 들어설 공간을 허용한다. 그리고 *정언 명
령에 따라서 도덕적으로 살려고 분투하는 동안, 우리는 인간의 자
유, 하나님의 존재, 불멸성을 상정해야 한다.

칼람 우주론적 논증-宇宙論的論證 kalam cosmological argument 하나님
의 실재를 제1원인으로 논증하는 형태의 하나로, 이슬람교 사상가

● 심미적·윤리적 단계를 지나 신앙의 단계로 나아가는 것으로, 무의미를 넘어서는
지점으로 볼 수 있다.

들이 개발하였으며, 그 내용은 다음과 같다. 즉, 세계에는 반드시 시작이 있으며 그 시작의 원인으로서 하나님이 반드시 존재한다. 20세기에 윌리엄 크레이그William L. Craig가 이 논증을 옹호하였다. **참조.** *신 존재 논증, *우주론적 논증, *이슬람 철학.

칼뱅, 장 Calvin, John 프 Calvin, Jean (1509-1564) #깔뱅 #칼빈, 존 프랑스의 종교개혁자이자 신학자로, 오늘날 장로교회와 개혁교회에서 가장 강하게 나타나는 전통의 창시자. 칼뱅은 스위스 제네바의 개혁을 시도하는 동안 자신의 신학적 관점을 잡아나갔다. (그 이후로 칼뱅주의자들은 종종 이러한 전통을 따라서 인간 사회의 다양한 영역들을 구속적으로 바꾸려고 시도해 왔다.) 칼뱅의 사상은 하나님의 *주권과 *죄가 인간의 전존재를 훼손시킨 방식에 큰 강조점을 둔다. 인식론적으로 칼뱅주의는 계시와 성령의 내적 증거, 그리고 죄로 손상된 하나님의 실재에 대한 타고난 감각을 강조한다. **참조.** *개혁주의 전통.

케노시스 이론-理論 kenotic theories #자기 비움 빌립보서 2:7과 그 밖의 신약 성서의 구절들에서 영감을 얻었으며, 성자 하나님이 인간이 되심으로 *전능, *전지, *편재와 같은 몇몇 신적 속성을 포기하셨다고 주장하는 *성육신에 관한 이론. 성육신에 관한 케노시스 이론은 몇몇 사람들로 하여금 하나님의 본성에 관한 케노시스 이론을 전개하게끔 하였다. 이 이론은 하나님의 본질이 자신의 피조물에게 어떤 *자율성을 허용하시기 위해 자유로이 스스로를 제한하는 자기희생적 사랑이라는 견해이다.

쾌락주의快樂主義 hedonism *선과 *행복을 동일시하며, 행복을 쾌락의 현존 및 *고통의 부재로 이해하는 윤리학 이론. 쾌락주의를 비판하는 사람들은 쾌락주의자들이 선에 수반되는 부산물을 선 자체와 혼동하고 있다고 주장한다. 즉 우리는 원래 쾌락을 추구하는 것이 아니라, 우리에게 쾌락을 주는 선한 것(예를 들어, 사랑, 우정)을 추구한다는 것이다. 만약 우리가 그러한 것들에 그것 고유의 가치가 있다고 생각하지 않는다면, 실제로 그러한 것들은 우리에게 조금도 쾌락을 주지 않을 것이다. **참조.** *공리주의, *버틀러, *이기주의.

큐핏, 돈 Cupitt, Don (1934-)　잉글랜드의 급진적인 신학자로, 그는 『떠나보낸 하나님』(Taking Leave of God: 한국기독교연구소)과 같은 자신의 저서에서 명시적으로 *무신론을 수용하였다. 그는 BBC 다큐멘터리 <신앙의 바다>(The Sea of Faith)를 제작하여 잘 알려지게 되었다. 이 다큐멘터리는 동일한 제목을 사용하여 신학적 *반실재론에 전념하는 네트워크(The Sea of Faith Network)를 낳았다. 이는 종교를 인간의 구성물로 보는 관점을 지닌다.

클라크, 사무엘 Clarke, Samuel (1675-1729)　잉글랜드의 철학자이자 신학자이며 설교가로, 아이작 뉴턴Isaac Newton, 1642-1727의 과학 사상과 밀접하게 연관되어 있다. 그는 *이신론에 대항하여 *합리론적 견지에 서서 정통을 지키기 위해 싸웠다. 또한 *우주론적 논증을 독창적이면서 강력하게 전개하였다. 그는 또한 공간과 시간에 대한 고트프리트 *라이프니츠의 견해에 맞서 아이작 뉴턴의 견해를 옹호하였다.

클레멘스, 알렉산드리아의 Clement of Alexandria 그 Klémēs 라 Clemens (150?-220) #클레멘트　교회 교부 중 한 명으로, *테르툴리아누스와는 대조적으로 *철학과 그리스 학문에 대해 긍정적인 태도를 취했다. 클레멘스는 그리스 저자들이 중요한 진리를 포착할 수 있었다고 주장하였다. 왜냐하면 하나님의 지혜 또는 *로고스는 모든 인간 안에 현존하기 때문이다. 클레멘스는 철학이 계시보다 열등하며 계시를 대신할 수는 없지만, 그럼에도 철학 연구가 계시에 대한 이해를 더 깊어지게 할 수 있다고 생각했다.

키에르케고어, 쇠얀 오브이 Kierkegaard, Søren Aabye (1813-1855) #키에르케고르 #키르케고르 #쇠렌 #죄렌　덴마크의 그리스도교 철학자이자 신학자. 그의 글은 G. W. F. *헤겔, *관념론, *자유주의 신학, 그리스도교 세계Christendom의 문화 전체에 대한 신랄한 비판을 담고 있다. 그리스도교 세계의 문화는 우리가 덴마크인이니까, 우리가 미국인이니까 등의 이유로 그러한 문화에 속한 이들 모두를 그리스도인으로 상정하고 있다. 키에르케고어는 자신을 그리스도교 세계에 그리스도교를 다시 소개하는 사명을 지닌 선교사라고 생각했다. 그리스도교는 먼저 실존의 방식으로 이해되어야 하지만, 사람들이 인간 존재로 실존한다는 것의 의미를 망각해 왔다고 생각했기에, 그의 철학적 작업은 인간 실존의 본성에 초점이 맞추어져 있다. 키에르케고어가 주장하기를, 신약 성서의 그리스도교는 세속적인 시각에서 언제나 어리석어 보이며, 참된 복음의 선포는 공격받을 가능성을 늘 가지고 있다. 그래서 그는 그리스도교를 합리적으로 보이게 만들려는 변증적 시도를 거부했다. 그는 하나님과 인간 존재 사이의 질적인 차이를 강조하였다. 그리고 그는 *성육신을 인간의 *이성이 이해할 수는 없으나 *신앙 안에서 오직 믿을 수만 있는 절대적인 역설로 보았다.

타락墮落 the Fall 전통적인 그리스도교적 관점에서, 인간성이 죄와 죽음에 빠지게 하고, 하나님이 원래 선하게 창조하신 피조 세계의 손상을 가져온, 인류의 조상인 아담과 하와의 불순종. 많은 현대 신학자들은 타락 이야기를 역사적 사건을 묘사한 것이라기보다 인간이 처한 조건을 그림처럼 묘사한 이야기로 여기며, 하나의 신화로 본다.

테르툴리아누스 Tertullian 라 Tertulliánus (160?-230) 가장 중요한 초대 교회 교부 중 한 명. 테르툴리아누스는 라틴어로 글을 썼다. 그래서 서방 교회에 특히 강한 영향력을 미쳤다. 아마도 테르툴리아누스는 그리스 *철학을 격렬하게 반대하는 태도로 가장 잘 알려져 있을 것이다. 이러한 점은 다음과 같은 인상적인 질문에 나타나 있다. "아테네가 예루살렘과 무슨 상관이 있는가?" 그는 말년에 몬타

누스파Montanism라는 이단에 빠져들었지만, 그럼에도 그가 쓴 여러 변증 작품과 신학 작품은 중요하다.

토대론土臺論 foundationalism #토대주의 #기초주의 #정초주의 다수의 *믿음은 그 근거를 다른 믿음에 두고 있는데, 믿음의 무한 퇴행 infinite regress●을 피하기 위해서, 몇몇 믿음을 기초적 또는 토대적 유형으로 받아들여야 한다는 *인식론의 한 형태. 고전적 토대론에서는 기초 믿음이 적절하게 받아들여지려면, 아주 확실해야(자명하거나 경험적으로 확실해야) 한다고 주장한다. 반면에 *개혁주의 인식론의 옹호자들과 같이 토대론을 옹호하는 현대 철학자들은 대개 기초 믿음의 오류 가능성을 인정한다. **참조.** *고전적 토대론.

토런스, T. F. Torrance, Thomas Forsyth (1913-2007) 스코틀랜드의 중요한 현대 신학자. 토런스는 칼 *바르트의 학생이자 해석자이다. 그는 그리스 교회 교부들과 장 *칼뱅에게 강한 영향을 받았다. 토런스는 *과학 및 과학적 방법에 대한 신학적 반성을 주도했던 인물이다. 그는 *삼위일체와 같은 신학적 교리들이, 완전히 이해될 수 없는 실재로 진입하는 상상의 문을 열어 주는 과학적 구성물과 유사하다고 파악했다.

토마스 아퀴나스 *아퀴나스, 토마스를 보라.

토마스주의-主義 Thomism #토미즘 그리스도교 사상과 아리스토텔레스의 철학을 종합한 토마스 *아퀴나스에게 영감을 받은 철학적 견해. (**참조.** *아리스토텔레스) 토마스주의는 로마 가톨릭 사상가들 사이에서 가장 두드러진다. 그리고 토마스주의는 몇몇 그리스도교의 진리들은 오직 *특별 계시 가운데 신앙에 기초하여서만 믿어질 수 있다는 강한 확언도 포함하고 있지만, 그럼에도 *자연 신학에 대한 신뢰로 특징지어 진다. 보통 토마스주의 전통은 "은혜는 자연을 전제하고, 자연을 완성한다"고 믿는다. 20세기의 신토마스주의자들로는 에티엔느 질송Étienne Gilson, 1884-1978과 자크 마리탱

● 예를 들면 다음과 같은 것이다. A₁의 근거는 A₂이다. A₂의 근거는 A₃이다. A₃의 근거는 … Aₙ(n→∞).

Jacques Maritain. 1882 -1973 등이 있다.

토미즘 *토마스주의를 보라.

특별 계시特別啓示 special revelation 사람, 체험, 글, 또는 역사적 사건
을 통해 특별하게 주신 하나님의 계시. 보통 특별 계시는 *일반 계
시와 구별된다.

틈새의 신 논증-神論證 God-of-the-gaps argument 자연적으로 혹은
과학적으로 설명할 수 없는 것을 설명하기 위해 하나님을 끌어오
는 종류의 논증. 이런 식의 논증을 비판하는 사람들은 주장하기를,
그러한 전략은 과학적 설명이 진보함에 따라 우주에서 신의 역할
이 점차 적어져 보이게 만들 것이다. *지적 설계 운동을 비판하는
사람들은 생물학적 질서의 지적 원인자를 논증하려는 시도가 틈새
의 신 논증이라고 주장한다. 그러나 지적 설계의 지지자들은 복잡
한 자연계의 원인으로서의 지적 존재에 대한 확실한 경험적 증거
가 있다고 주장한다.

틸리히, 폴 Tillich, Paul (1886-1965) 20세기의 가장 중요한 개신교
신학자 중 한 명. 틸리히는 하나님을 '존재의 근거'로 보았으며, 우
리가 반드시 전통적 *유신론의 하나님(행동할 수 있고 관계를 맺
을 수 있으며 의식이 있는 개별 행위 주체)을 극복해야 한다고 논
증하였다. 틸리히에게 있어 신앙이란 '궁극의 관심'에 관한 상태
이다. 그는 건강한 신앙은 유한한 대상을 필요로 한다고 주장했다.
신앙이 곧장 무한한 대상을 향할 때, 우리는 민족주의와 인종차별
과 같은 우상숭배의 형태들을 가져오게 된다.

Ⅱ

파스칼, 블레즈 Pascal, Blaise (1623-1662) 그리스도교에 관한 저작
으로 심오한 영향력을 미쳐 온 프랑스의 철학자이자 수학자이며
물리학자. 사후에 출간된 『팡세』(Pensées)에서 파스칼은 인간이 처

한 상황의 애매성을 명민하게 분석하였고, 세계에 대한 믿음이 인간 *이성으로는 절대적 확실성에 다다를 수 없는 것임을 입증하였다. '파스칼의 *내기'로 불리는 다음과 같은 논증은 매우 많이 논의되었다. 객관적인 확실성을 얻을 수는 없더라도, 하나님에 대한 *신앙을 통해 행여나 영원한 *선을 얻게 되는지도 모른다. 이런 이유로 신앙을 선택하는 것이 신중하고 합리적인 것이 된다.

판넨베르크, 볼프하르트 Pannenberg, Wolfhart (1928-2014) 역사적 탐구를 통해 예수님의 정체성이 인식되고 옹호될 수 있다는 견해를 현저하게 주장한 독일 루터교 신학자. (**참조.** *역사적 예수) 판넨베르크는 예수가 하나님의 아들이자 메시아라는 주장이 역사적 사건으로서의 *부활로 확증된다는 주장을 고수하며, 역사적 변증 논증에 무게를 둔 점에서 현대 유럽 신학자들 중에 독특한 위치에 있다.

패러다임 paradigm 모범 또는 전형. 특정한 과학계에서 받아들여진 관습과 가정들 속에 구현되어 있는 사고나 설명 패턴을 가리키기 위해, 토머스 쿤Thomas Kuhn, 1922-1996이 『과학혁명의 구조』(The Structure of Scientific Revolutions; 까치글방)에서 이 용어를 사용하였다. 특정 과학계의 패러다임은 '정상 과학'normal science이라고 부른 것이 가능하게 만든다. 패러다임들은 통상적으로 조작될 수 있는 것은 아니지만, 새로운 패러다임을 가능케 하는 과학혁명에서 반드시 전복되어야 하는 것이다.

퍼스, 찰스 샌더스 Peirce, Charles Sanders (1839-1914) 일반적으로 *실용주의의 창시자이자, 기호학 내지 *기호에 관한 일반 이론의 창안자로 여겨지는 미국의 철학자. 퍼스는 *믿음을 주로 *행동을 위한 규칙으로 보았다. 그리고 *의심을 불만족스럽고 불안한 상태로 여겼다. 이리하여 그는 의심하려면 의심할 만한 이유가 있어야 한다고 주장함으로써, 르네 *데카르트가 의심에 부여했던 우선권을 뒤집었다. 그저 논리적으로 착각의 가능성이 있다고 해서 의심할 만한 충분한 이유가 되는 것은 아니다. 퍼스의 발상은 윌리엄

*제임스와 존 *듀이에 의해 유행하게 되었다.

페미니즘 feminism 결론과 방법 모두에 있어서 남성과 여성의 경험차●를 근본으로 하는 생각의 방식. 페미니스트들은 수많은 전통적인 학문들이 여러 영역에서 무의식적인 남성의 편견을 반영하고 있다고 주장한다. 이에 더하여 이론을 세움에 있어 여성들의 관심과 정체성에 대한 이야기를 가져온다면, 이러한 문제들을 극복하는 데 도움이 될 것이다. 자유주의 페미니즘, 사회주의 페미니즘, 이른바 급진적 페미니즘과 같은 다양한 형태의 페미니즘을 구분하는 것은 매우 중요하다. 많은 페미니스트들이 반그리스도교적인 날을 세우고 반종교적이기까지 하지만, 일부 페미니스트들은 헌신된 그리스도인이다. 그들은 여성의 좋은 삶에 대한 관심이 평등에 관한 그리스도교적 관점에 근거를 둔다고 주장한다. **참조.** *가부장제/모권제, *젠더.

페일리, 윌리엄 Paley, William (1743-1805) 잉글랜드의 신학자이자 철학자로, 19세기 *자연 신학의 국면에서 그의 설계로부터의 논증은 매우 두드러졌다. (**참조.** *목적론적 논증) 페일리판 설계로부터의 논증은 시계를 한번도 본 적 없는 사람도 시계를 발견하면 시계의 메커니즘이 반드시 지적인 존재에 의해 설계된 것이라고 결론내린다는 점을 확장시킨 유비를 포함한다. 페일리는 또한 그리스도교판 공리주의를 개발하고 옹호하였다.

펠라기우스주의-主義 Pelagianism 원죄가 인간의 의지를 완전히 망가뜨리지는 않았으며, 따라서 인간이 자신의 노력으로 도덕적인 성결을 이룰 수 있다는 견해. 이 견해는 간혹, 원죄가 환경이나 문화적인 길을 통해 전해졌으므로 사회적 개선을 통해 원죄의 영향력을 완화할 수 있다는 견해와 관련된다. 죄에 관한 펠라기우스주의의 견해는 영국의 수도사 펠라기우스Pelagius, 345?-425?에게 기인한 것이다. *아우구스티누스는 펠라기우스의 주장을 강하게 반대하였다.

● 최근의 페미니즘에서는 이러한 남녀 이분법적 성차 개념도 본질주의에 입각한 것이라고 비판하며, 해체해야 하는 것으로 보기도 한다.

편재遍在 omnipresence 모든 곳에 현존한다는 특성. 편재는 전통적인 *하나님의 속성 중 하나이다. 하나님이 무시간적이라고 믿는 사람들은 이 개념을 확장하여, 하나님이 모든 시간 가운데 현존하신다고 생각한다. (**참조.** *무시간성, *영원/불후) 전통적인 유신론자들은 하나님이 공간을 점유하신다고 생각하지 않는다. 따라서 편재를 어디에나 물리적으로 존재하는 것이라고 생각하지 않는다. 다만 하나님의 지식과 행위 능력으로 인해 모든 곳에 현전하시는 것으로 생각한다. 즉 하나님은 모든 장소에서 일어나는 일들을 아시며, 어느 곳에서든지 직접적으로 행동할 수 있는 능력을 지니신다.

평화주의平和主義 pacifism 전쟁이 그 자체로 비도덕적이기 때문이든 또는 그리스도인들이 더 높은 행동 기준으로 부르심을 받았기 때문이든, 전쟁은 용인될 수 없다는 믿음. 몇몇 평화주의자들은 자신들의 반전 운동을 모든 살인과 폭력에까지 확장시킨다. 그리스도교 신학자들에게 있어 평화주의에 대한 주요 대안은 *정당전쟁론이다. 평화주의는 초대 교회의 지배적인 관점이었으며, 메노나이트나 퀘이커와 같은 교회들이 역사적으로 취해 온 입장이기도 하다.

포스트모더니즘 postmodernism 다양한 문화적·학문적 영역에서 어렴풋이 연관된 경향과 관점들을 묶어서 지칭하는 용어로, 단 하나의 공통점이 있다면 *모더니티에 대한 반대이다. 철학에서의 포스트모더니즘은 다음과 같은 것들로 특징지어 진다. '거대담론'metanarratives에 대한 의심. 인간의 앎의 불확실성을 강조하는 점. 지식인들의 주장을 분석하는 경향—*이성과 *과학이 보편적 특성이라고 주장하는 *계몽주의를 비롯하여, 지식인들의 다양한 주장들이 억압과 지배를 감추기 위한 것이라고 의심하는 방식으로 분석하는 경향. 포스트모던 사상가들이 *구조주의에 영향을 받고 반응하는 방식을 나타내려다 보니, 종종 포스트모더니즘이란 용어가 포스트구조주의〔후기구조주의〕poststructuralism와 동의어처럼 사용된다.

포이어바흐, 루트비히 Feuerbach, Ludwig (1804-1872) 종교에 대해 투사projection 이론을 전개한 독일의 철학자. 즉, 하나님을 인간이 성취하지 못한 가능성의 투영으로 본다. 이와 같이, 그의 이론에 따르면 종교는 실제로 인간학이다. 포이어바흐는 칼 *마르크스에게 엄청난 영향을 끼친 유물론자였다. 포이어바흐는 인간의 진보가 종교적인 생각의 신비성을 제거하고 계몽하여, 인간 실존의 구체적인 문제로 돌아오는 것이라고 주장하였다.

폴라니, 마이클 Polanyi, Michael (1891-1976) *과학에서 *환원주의를 반대했던 화학자이자 과학 철학자. 폴라니는 그가 과학적 발견에서의 '암묵적 인식'tacit knowing이라고 부른 것의 역할을 강조하였다. 이는 *세계관과 그밖에 배후에 놓인 가정들의 중요성을 받아들이고, 과학적 작업이 완전한 공식이 될 수 있다는 주장을 거부하는 것이다. 참조. *암묵적 지식.

프로이트, 지그문트 Freud, Sigmund (1856-1939) 정신 분석학을 창시한 오스트리아의 의사이자 심리학 이론가. 종교 철학에서는 프로이트의 믿음에 대한 이론이 잘 알려져 있다. 그의 이론은 하나님을 믿는 믿음이 오이디푸스 콤플렉스에서 온 환상이라는 주장이다. 오이디푸스 콤플렉스에서 아이는 자신에게 전능한 아버지로 나타나는 것과 관계를 지니는데, 아이는 전능한 아버지에게 의존하고 전능한 아버지의 호의를 욕망한다. 아이는 또한 전능한 아버지를 원망하고 질투한다. 프로이트는 그의 심리학 이론이 반종교적인 믿음에 대한 환원주의적 설명을 제시할 수 있다고 언급하지 않은 것으로 보인다. 또한 프로이트는 아이가 부모와 맺는 관계가 환상을 형성하는 메커니즘이 되는 것을 넘어서, 하나님께서 자신에 대한 개념을 제공하려고 정하신 모형일 가능성을 고려하지도 않았다.

플라톤 Plato 그 Plátōn (427?-347 BC) 아마도 서구 세계에서 가장 영향력 있는 철학자. 플라톤의 영향력은 굉장히 어마어마하여, 알프레드 노스 *화이트헤드는 "서양 *철학의 역사는 플라톤의 각주 모음에 불과하다"라고 주장하기도 했다. 플라톤은 대화의 형태로 글

을 썼다. 그리고 그의 사상은 시간이 지나면서 발전한 것으로 보인
다. 그는 자신의 책 『국가』(Politeía)에서 전개한 *정의 이론, *영혼의
불멸성에 대한 주장, 형상〔이데아〕 이론으로 가장 잘 알려져 있다.
형상 이론은 보편자들이 있는 이데아의 세계를 상정한다. 물질세
계는 이데아 세계의 복사본〔모사〕이다〔또는 이데아 세계에 참여하는
것 내지 이데아 세계를 분유分有하는 것이다〕. 플라톤은 하나의 최고의
형상 또는 하나의 절대적 형상을 상정하였다. 그것은 선 혹은 일자
의 형상이다. 그의 사상은 유대교 사상, 그리스도교 사상, 이슬람
사상에 깊은 영향력을 미쳐 왔다. 특히 *플로티노스와 그 밖의 *신
플라톤주의 철학자들의 사상을 통해 영향력을 미쳐 왔다.

플란팅가, 알빈 Plantinga, Alvin (1932-) 현대의 주도적인 *종교 철
학자이자, 니콜라스 *월터스토프(월터스토프는 여러 해 동안 플란
팅가와 함께 칼빈대학교에서 가르쳤다), 윌리엄 *올스턴과 더불어
*개혁주의 인식론을 개발한 인물. 플란팅가는 종교적 믿음이 경우
에 따라 '적절한 기초 믿음'일 수 있다고 논증함으로써, 종교 철학
에서 *증거주의를 비판해 왔다. 이러한 견해는 *진리를 향하도록
계획된 '설계 계획'에 따라 기능들이 잘 작동하도록 의도된 환경에
서, 적절하게 작동한 기능의 결과로 얻게 된 참 믿음이 *지식을 구
성한다고 보는 인식론에 의해 뒷받침된다.

플로티노스 Plotinus 그 Plōtinos (205-270) *플라톤의 사상을 종교적
이며 철학적인 체계로 발전시켜 초기 그리스도교 저술가들에게 심
오한 영향을 미친 헬레니즘 철학자. 플로티노스는 일자the One 내지
선the Good을 강조하였다. 그것은 최고의 실재로, 다른 모든 것들이
그것으로부터 유출되며 그것에게로 돌아간다. 일자는 인간의 언어
와 추론적인 사고 너머에 있다. 플로티노스는 신비주의적인 경향과
금욕적인 경향을 철학 사상에 융합하였다. **참조.** *신플라톤주의.

필연성必然性 necessity 가능성 및 불가능성과 함께 양상적 특성을
구성하는 요소 중 하나로, 명제나 존재나 속성에 귀속되는 특성이
다. (**참조.** *필연적 존재, *필연적 진리) 어떤 존재가 x라는 속성이

없이 존재할 수 있는 가능 세계가 없다면, 그 존재는 속성 x를 필연적으로 가지고 있는 것이다. 필연적으로 지닌 속성은 그 속성을 가진 대상을 이루는 하나의 본질이 된다고도 말할 수 있다. 왜냐하면 그 속성의 현존이 그 대상에 필수적이기 때문이다.

필연적 존재必然的存在 necessary being 그저 우발적으로 또는 우연적 결과로 존재하는 것이 아니라, 필연적으로 존재하는 것이 바로 자신의 본성인 존재자. 하나님은 전통적으로 필연적 존재로 이해되어 왔다. 그리고 하나님의 존재에 관한 *존재론적 논증의 기저를 이루는 것이 하나님 개념에서 속해 있는 이 필연성이라는 측면이다. (고트프리트 *라이프니츠에 따르면) 필연적 존재란, 모든 가능 세계에 존재하는 존재자로 정의될 수 있다.

필연적 진리(참)必然的眞理 necessary truths 논리적으로 거짓일 수 없는 명제. (고트프리트 *라이프니츠에 따르면) 필연적 진리는 모든 가능 세계에서 참인 것으로 정의될 수 있다. (이와 유사하게, 우연적 진리는 적어도 하나의 가능 세계에서 참인 명제이고, 필연적 거짓은 어떤 가능 세계에서도 참일 수 없는 명제이다.) **참조.** *진리, *필연성.

하나님 God 종교적 *예배나 경외의 대상이 되는 신적인 존재 또는 존재들. 유신론자들theists●은 자기 외의 모든 것을 창조하신 한 분이시며, *전능, *편재, *전지와 같은 일단의 최고선적 속성을 지니신 분으로 하나님을 마음속에 품는다. 물론 그리스도인 유신론자들은 이러한 한 분 하나님이 삼위 안에 존재하신다고 단언한다. 다신론자들은 초자연적 권능을 지닌 다수의 신적 존재들이 있다고

● 서구에서는 종종 유신론자(theist)라는 표현을 아브라함과 연관된 종교(그리스도교, 유대교, 이슬람교)에 속한 유신론자에게 한정하여 사용하기도 한다.

믿는다. 그러나 그런 신들에게 유신론에서 말하는 신이 지닌 완벽함이 있다고 생각하지는 않는다. 범신론자들은 하나님을 자연 세계와 동일시한다. 대개 범재신론자들은 하나님과 자연 세계의 관계를 하나님이 자연 세계에 *체현된 것으로 본다. **참조.** *다신론, *범신론, *범재신론, *유신론, *하나님의 속성.

하나님에 대한 경험-對-經驗 *종교적 경험을 보라.

하나님의 속성-屬性 attributes of God *전능(무소불능), *전지(무소부지), *편재(무소부재)와 같은, 전통적으로 유신론자들이 *하나님께 속한 것으로 여겨온 특성. 20세기 이래로 몇몇 사람들은 "전통적으로 하나님께 속한 것으로 여겨온 속성들에 일관성이 있는가?"하는 의문을 제기해 왔다. 하나님의 *무감수성, *단순성, *무시간성에 대해, 그리고 하나님의 *불변성의 본질에 대해 비판적인 물음이 제기되어 왔다.

하나님의 예지-豫知 divine foreknowledge 미래에 있을 자유로운 인간의 선택을 비롯하여, 미래에 일어날 일들을 아는 하나님의 지식. 몇몇 철학자들은 다음과 같이 논증한다. 하나님의 지식에는 착오가 있을 수 없으며 또한 과거는 바뀔 수 없기 때문에, 하나님이 미래의 일들을 일어나기도 전에 모두 미리 아신다는 사실은 아신바 되지 않은 다른 사건들은 일어날 수 없음을 함축하며, 또한 *자유 의지가 환상에 불과함을 함축한다(*결정론적 관점). 이러한 문제에 대해서 다음과 같은 주장들을 비롯하여 다양한 응답들이 제시되어 왔다. 하나님은 무시간적이시기 때문에, 어떤 일이 일어나기 전에 그에 대한 지식을 가지고 계신 것이 아니라, 모든 것을 무시간적 현재형으로 알고 계신 것이다. 또 다른 응답으로는 몰리니즘〔몰리나주의〕Molinism에서 주장한 것이다. 즉, 하나님의 예지와 *섭리는 *중간 지식과 연결되어 있다는 관점이다. 중간 지식이란, 자유로운 피조물들이 다양한 상황에서 어떻게 행동할지에 관한 지식이다. 그러나 어떤 이들은 하나님의 예지를 제한한다. 즉, *전지하심에는 모든 참인 명제와 거짓인 명제를 아는 것이 포함되겠지만, 몇몇 미래에 대한 명제는 아직까지 참도 거짓도 아니라고 주장한다. 이와 비슷하게 또 다른 이들은 다음과 같이 주장하며 하나님의 예지를 제한한다. 하나님은 아는 것이 논리적으로 가능한 것에 한하여 모든 것을 아시지만, 자유로운 결정에 선행하는 무오류적 지식을 갖는다는 것은 논리적으로 불가능하다.

하나님의 행동-行動 divine action 하나님을 의도를 가진 행위자로 볼 때, 그런 *하나님에 의해 야기된 사건들. 하나님을 행동하는 존재로 보는 관점은 성경 이야기와 고전 유신론 모두의 특징이다. 전통적인 신학자들은 세계를 *창조하시고 보존하시며 일반적인 섭리로 질서를 부여하시는 하나님의 행동과, 역사 속 특정 시점에서 특별하며 개별적인 *섭리와 *기적으로 드러나는 하나님의 행동을 구분해 왔다. 현대의 일부 신학자들은 하나님을 의도를 가진 행위자로 생각하지 않는다. 그래서 하나님의 행동에 관한 이야기를 모두 은유적인 것으로 간주한다. 또 다른 신학자들은 창조에 나타난 하나님의 행동은 수용하고자 하지만, '특별한 행동'은 일반적인 자연 질서를 통해 발생하는 사건으로 여긴다. 그리고 여기에는 특별한 계시적 기능이 있다고 본다. 하나님과 시간·공간의 관계에 있어서, 하나님의 행동이 어떤 함축을 담고 있는지에 대한 철학적 논의가 계속되고 있다.

하나님의 형상-形像 image of God 하나님을 반영하는 것이 가능하게 하는 인간 인격의 독특한 측면. 이 개념은 아담과 하와가 하나님의 형상으로 창조되었다고 묘사된 창세기 1:26에서 끌어온 것이다. 신학자들은 인간이 *죄로 인해 하나님의 형상을 잃은 것인지 또는 단순히 손상된 것인지에 대해 논쟁한다. 더불어 하나님의 형상이 한 다발의 속성(예를 들어, 합리성, 책임 있는 행동을 할 수 있는 능력)으로 구성된 것인지, 또는 그보다 우리의 관계성 안에 비쳐진 것인지(왜냐하면 창세기의 구절은 하나님의 형상을 남자와 여자로 지음받은 것과 연결시키기 때문이다), 또는 더 나아가 하나님과 우리의 특별한 관계로 이루어진 것은 아닐지에 대해서도 논의해 왔다.

하이데거, 마르틴 Heidegger, Martin (1889-1976) 자기 일생의 과업으로 존재의 의미에 관한 문제에 집중한 독일의 철학자. 하이데거는 먼저 신학 훈련을 받았다. 그러다가 철학으로 전환하여 *현상학자 에드문트 *후설과 함께 연구하였다. 그의 유명한 초기 작품인 『존재와 시간』(*Sein und Zeit*, 1927; 까지)은 인간 존재(현존재Dasein)를 살펴봄으로써 존재의 의미를 파악하려는 시도였다. 현존재는 바로 자신의 존재가 '존재에 관한 물음'을 낳는 존재이며, 자신의 죽음이 함축하는 바 시간성에 결연히 직면해야 하는 존재이다. 하이데거는 후기 작품에서 기술과 도구적 사고에 의해 억눌려온 '존재의 부름'이 시와 예술 작품에서 아마 포착될 수 있다는 철학화의 방식으로 자신의 초점을 전회한다. 하이데거는 자신의 작품에 실존주의라는 말을 사용하는 것을 거부했지만, 그럼에도 하이데거는 *실존주의에 거대한 영향을 미쳤다. 하이데거는 여전히 영향력이 있고 특히 *포스트모던 철학자들에게 영향력이 있지만, 그럼에도 그가 나치즘National Socialism을 수용했던 일로 그는 논란의 인물이 되었다.

합리론合理論 rationalism #합리주의 #이성주의 *이성이 *진리에 이르는 최고의 길이라는 확신, 또는 심지어는 유일한 길이라는 확신. *철학에서 합리론은 종종 *경험론과 대비되는 인식 이론이다. 경험론은 진리를 습득함에 있어 감각 경험의 역할을 강조한다. 이러한 맥락에서 이성은 감각 및 기억과 구별되는 기능이라는 좁은 의미로 이해된다. 이러한 유형의 합리주의적 철학자에는 르네 *데카르트, 바뤼흐 *스피노자, 고트프리트 *라이프니츠가 포함된다. *신학에서는 합리주의라는 용어가 종종 *계시를 인간 이성에 종속시키는 입장 또는 계시를 *지식의 원천에서 완전히 제외시키는 입장을 가리킨다. 이러한 의미에서 계시보다 인간 이성을 우위에 둔다면, 경험론자도 합리주의자가 될 수 있다(여기에서는 이성이 감각이나 기억과 같은 기능을 포괄하는 넓은 의미로 이해된다). **참조.** *인식론, *합리적.

합리적合理的 rational *이성에 부합되는 *믿음이나 *행동의 특징. 합리성은 매우 다양한 형태를 갖는다. 자신의 합리적인 책무나 의무 (그것이 무엇이든)를 다했을 때, 그 사람은 의무에 있어 합리적이다. (**참조.** *의무론) 이러한 의미에서 보면, 어떤 사람이 거짓 믿음을 주장하더라도, 믿을 만한 좋은 이유를 가지고 있거나 믿음을 형성함에 있어 어떤 의무도 위반하지 않는 한, 그 믿음을 주장함에 있어 합리적일 수 있다. 합리성에 대한 또 다른 의미는 *진리와 관련되어 있다. 이러한 의미에서 보면 참 믿음을 낳을 개연성이 높을 때, 우리는 믿음을 형성하는 습관이 합리적이라고 말할 수 있다.

해방신학解放神學 liberation theology 불의한 정치·경제·사회적 구조에 억압된 사람들을 해방시키는 힘으로서 복음을 강조한, 1960년대 라틴 아메리카에서 전개된 신학적 운동. 해방신학은 성서가 보여주는 가난한 이들에 대한 특별한 관심에 뿌리를 둔다. 그러나 간혹 마르크스주의에서 영감을 얻은 빈곤과 억압의 원인에 대한 분석에 기대어 있다는 점에서 논란이 되어 왔다.

해석학解釋學 hermeneutics 전통적 의미에서는 성경 텍스트의 적절한 해석과 관계된 신학의 하위 분과. 19세기와 20세기에 이르러 이 용어는 일반 텍스트 해석에 관한 이해를 추구하는 학문 분야로 그 의미가 확장되었다. 여기에는 저자와 독자와 텍스트 사이의 적절한 역할과 관계에 대한 이해가 포함된다. 더 넓게는 한스-게오르크 *가다머와 폴 *리쾨르 같은 철학자들이 인간의 모든 앎의 핵심 요소로서 해석의 역할을 강조하며, 이해한다는 것 그 자체의 성격을 분명히 하려고 하는 시도를 가리키는 데 사용된다. 여기에서 읽기 행위에 앞서 전제되는 의미 지평을 당연하게 받아들이는 텍스트 해석은 인간 이해 일반에 대한 하나의 은유가 되고, 인간의 삶 그 자체는 '텍스트' 내지 텍스트의 유비로 간주된다.

행동(신과 인간의)行動(神-人間-) action (divine and human) '행위자'agents로 여겨지는 인격체에 의해, 즉 의도를 지닌 의식적 존재에 의해 일어나는 특별한 종류의 사건. 예를 들면, 내가 팔을 들어서 내 팔이 올라가는 사건이 일어났을 때, 여기서 일어난 변화가 작용act 또는 행동action이다. (만약 내 팔이 줄에 묶여서 내 의지에 반하여 올라갔다면, 이러한 변화는 행동이 아니다.) 많은 행동들이 또 다른 행동을 취함으로써 수행된다. 예를 들어, 나는 스위치를 탁 눌러서 전등을 켠다. 그러나 모든 행동이 이런 식인 것은 아니다. 그래서 몇몇 행동은 '기초 행동'basic actions이다. 왜냐하면 어떤 행동이 항상 다른 행동으로부터 발생해야 한다면, 무한 퇴행infinite regress●이 뒤따르기 때문이다. 철학자들 사이에는 기초 행동을 일종의 몸동작으로 봐야 하는지(또는 그러한 몸동작이 한층 더 기초적인 것—자유 의지나 자발적인 정신 행동—에 의한 결과인지)에 대한 논쟁이 있다. 행동은 일반적으로 어떤 이유로 인해 일어난다. 그리고 여기에는 행동을 설명하는 방식에 대한 논쟁이 있다. 행동의 이유가 곧 행동의 원인인가? 또한 모든 행동이 인과적으로 결정되어 있는지 여부를 따지면 논쟁이 거세진다. (**참조.** *자유 의지) *하나님을 인격적인 행위자로 생각하는 것도 행위할 능력을 하나님께로 돌리는 것이다. 이 논점은 하나님이 무시간적인 분이신지 불후한 분이신지에 대한 논쟁과 연결된다—하나님은 하나의 영원한 행동 속에서 모든 일을 하시는가, 아니면 순차적으로 행동하실 수 있는가? (**참조.** *영원/불후) 하나님의 행동이 하나님의 의지 및 지성과 어떤 관련이 있는가? 하나님의 행동은 *창조 및 *섭리와 관련하여 이해되어야 하며, *기적과 같은 특수한 행동과 연결하여 이해되어야 한다. (**참조.** *하나님의 행동)

행동주의行動主義 behaviorism 관찰 가능한 행동의 측면에서 인간 존재를 이해하려는 시도. 과학적 행동주의와 철학적 행동주의로 구별될 수 있다. 과학적 행동주의는 심리학을 관찰 가능한 주위의 자극과 행동으로 제한하여 그 안의 프로그램을 조사하는 것이다. 철학적 행동주의는 정신 상태를 밖으로 드러나는 행동의 측면으로

● 예를 들면 다음과 같은 것이다. A1의 근거는 A2이다. A2의 근거는 A3이다. A3의 근거는 … An(n→∞).

환원하여 이해하려는 시도이다. 예를 들어 철학적 행동주의자에게 고통이란, 얼굴을 찌푸림, 울음과 같은 특정 행동 형태에 관여하는 경향과 동일한 것일 수 있다. 일부 과학적 행동주의자는 자신의 입장을 방법론적 행동주의로 표명하길 원한다. 이는 내적인 정신 상태의 존재를 부인하는 것이 아니라, 오직 과학에 필수적인 규칙으로서의 행동주의인 것이다. 오늘날 기능주의자들functionalists이 여전히 인간을 이해함에 있어서 자극과 행동(입력과 출력)의 역할을 강조하고 있음에도, 행동주의는 심리학과 철학 모두에서 인지 혁명의 맹공격을 받아 감소하고 있다.

행복幸福 happiness 그 자체로 선하며, 가장 얻을 만한 가치가 있다고 간주되는 삶의 상태. 고대 그리스인들은 행복 또는 에우다이모니아eudaimonia가 윤리적 삶의 목적 또는 목표라는 점에서는 의견이 일치하는 편이었지만, 행복의 본성이 무엇인지와 어떻게 행복을 이룰 수 있는지에 대해서는 의견을 달리하였다. 대략적으로 말하자면, *아리스토텔레스는 행복을 주로 활동으로 구성된다고 보았다. 다른 말로, 행복한 사람이란 자신의 인간적 잠재력을 현실화함으로써 번영한 자이다. 쾌락주의자들은 행복이 쾌락을 더 많이 경험하는 삶이라고 생각한다. 그리스도인들은 하나님을 아는 가운데 발견되는 복과 참된 행복을 관련지으려는 경향이 있다.

허무주의虛無主義 nihilism #니힐리즘 객관적인 도덕적 가치와 구조를 거부하는 것으로, 문자 그대로 '없음주의'nothingism. 허무주의자는 도덕적 전통과 의무에 대한 회의주의자이며, 그런 것들을 구속력이 있는 것으로 여기지 않는다. 이 사태를 꺼림칙하게 생각하거나 슬퍼하는 태도를 지닌 허무주의자와 허무주의에 찬사를 보내는 허무주의자를 구별해야 한다. 전자는 허무주의를 끔찍하지만 엄연한 사실로 생각하는 사람이다. 후자는 허무주의를 억압적인 규칙으로부터의 해방으로 보는 사람이다. 허무주의에 대한 논의에서 프리드리히 *니체가 종종 언급된다. 이는 부분적으로 그 자신의 양면성 때문이다. 간혹 니체는 허무주의를 서구 문화에 늘 붙어 있는 운명으로 묘사하였다. 다른 경우에 니체는 새로운 도덕 구축을 촉구함에 있어 허무주의에 더 찬사를 보내는 것처럼 보인다. 도덕에 초월적 근거가 요구된다고 믿는 사람들에게는 니체의 철학이 허무주의적인 것으로 나타난다. 그러나 인간 스스로 도덕의 근거를 제공할 수 있다고 생각하는 자연주의자들에게는 니체가 허무주의 너머를 가리키는 안내자로 보인다.

험증주의驗證主義 *증거주의를 보라.

헤겔, 게오르크 빌헬름 프리드리히 Hegel, Georg Wilhelm Friedrich (1770-1831) 절대적 관념론Absolute Idealism; 독 Absoluter Idealismus으로 불리는 철학적 체계를 개발한 독일의 철학자. 이 체계 안에서 실재 전체는 절대 정신(하나님과 동일시됨)의 점진적인 전개로 보여진다. 정신Spirit or Mind; 독 Geist은 자기 자신으로부터의 소외되는데, 더 높은 단계의 일치에서 그러한 부정이 극복되는 변증법적 과정의 반복을 통해 절대 정신이 점진적으로 실현되는 것이다. 헤겔은 인간 역사를 절대자가 자기의식을 생성하는 장소로 보았다. 그리고 그는 근대 자유 국가를 절대 정신이 최상의 형태로 구현된 것으로 보았다. 그가 보기에 근대 자유 국가는 예술, 종교, 철학(절대 정신의 세 가지 형태)이 번영할 수 있는 윤리적 공동체였다. 칼 *마르크스와 쇠얀 *키에르케고어는 모두 헤겔에게 많은 방식으로 영향을 받은 동시에, 헤겔에 대한 비판적인 반응을 보였다.

현상학現象學 phenomenology 인간의 경험을 체험된 그대로 기술하려는 시도로 특징지어 지는, 에드문트 *후설과 그의 추종자들에게서 유래한 철학에 대한 접근법. 후설과 몇몇 그의 추종자들(예를 들어, 마르틴 *하이데거, 모리스 메를로-퐁티Maurice Merleau-Ponty. 1908-1961) 사이에는 큰 차이가 있지만, 자연적 태도에 대한 판단중지epoché를 요구한다는 점에서는 모두 일치한다. 자연적 태도는 대상 세계를 당연시하고 경험을 대상에 의해 야기된 것으로 보는 태도이다. 체험의 기초가 되는 '생활세계'Lebenswelt에 초점을 맞추기 위해서 이러한 자연적 태도를 중지한다. 또한 현상학자들의 특징으로서 지향성Intentionalität, 즉 *의식이 '~에 대한 것임'aboutness을 강조한다는 점과, 대상에 대한 의식은 당연히 '의미의 지평'을 그 배후에 상정한다는 점이 있다.

형언 불가形言不可 ineffability 지성의 언어로 표현할 수 없음. 많은 신비주의자들은 하나님에 관한 경험이 형언 불가하다고 주장해 왔다. (그러나 형언 불가하다고해서 신비주의자들이 경험을 묘사하려는 시도를 그만둔 것은 아니다.) **참조.** *신비주의, *종교적 경험.

형이상학形而上學 metaphysics 실재의 본성을 다루는 철학의 한 분야. 형이상학은 문자적으로 자연학 '너머' 혹은 '다음'을 의미한다. 왜냐하면 다음과 같은 문제들을 다루기 때문이다. 과학에서 상정하는 존재들이 실재하는가? 하나님은 존재하시는가? 숫자나 그밖의 수학적 대상들이 인간의 정신과 독립적으로 존재하는가? 형이상학이라는 말은 간혹, 완전성과 확실성에 이를 수 없는 '초 과학'super science적 시도를 지적하는 경멸조의 용어로 사용된다. 형이상학은 또한 존재에 대한 연구를 의미하는 명칭인 존재론과 동의어로도 사용된다.

호교론護敎論 ***변증학**을 보라.

홉스, 토마스 Hobbes, Thomas (1588-1679) 기계론적이고 결정론적이며 유물론적인 형이상학과 경험주의 인식론도 개발하였지만, 그래도 자신의 정치사상으로 가장 잘 알려진 잉글랜드의 철학자. 자신의 책 『리바이어던』(Leviathan: 나남출판)에서 그는 사회 계약설social contract theory의 한 형태를 개발하였다. 이것이 담는 내용은 삶이 '고독하고, 가난하고, 추하고, 잔인하고, 불충분한' 자연 상태에서, 인간은 자신이 가지는 권리를 포기하여 그 권리를 통치권자에게 맡김으로써 국가를 창조한다는 것이다. 통치권자는 무엇이 정당하고 부당한지를 정한다. 따라서 통치권자(한 사람 또는 무리) 자신이 부당할 수는 없다. **참조.** *경험론, *유물론, *인식론.

화신化身 ***체화**, ***성육신** 참조.

화이트헤드, 알프레드 노스 Whitehead, Alfred North (1861-1947) 후

기에 형이상학적 작업으로 *과정 신학에 영감을 제공한 잉글랜드
의 논리학자이자 수학자이며 철학자. 화이트헤드는 버트런드 *러
셀과 함께 『수학 원리』(Principia Mathematica)를 집필하여 처음 명성을
얻었다. 이 책은 현대 기호 논리학의 중요한 작품 중 하나이다. 화
이트헤드는 후기에 형이상학적 작업에서 유기적으로 연결된 사건
들을 *존재론의 기초로 여김으로써, 철학적 기초로서의 *실체 관
념을 거부하려고 하였다. 이러한 체계 안에서 하나님은 인격적인
행위자로 활동하시는 게 아니라, 그보다 가능성의 토대이자 가능
성을 현실화하는 매력적인 이상理想으로서 기능하신다.

화체설化體說 transubstantiation #실체 변화 로마 가톨릭 교회에서
공식적으로 가르치는 성찬[성체]에 대한 이론. 이 견해에 따르
면, 성찬식[영성체]을 거행하는 동안 빵과 포도주의 '부수적 성
질'accidents(외관)은 동일하게 유지됨에도 불구하고, 빵과 포도주의
실체 또는 본질은 그리스도의 몸과 피로 기적적으로 변화된다.

확률적 우위確率的 優位 the balance of probabilities **누적 사례 논증**을 보라.

환생還生 *윤회를 보라.

환원주의還元主義 reductionism 어떤 영역 또는 분야를 설명함에 있
어서, 그보다 더 기초적인 영역 또는 분야의 언어를 통해 그에 대
한 설명을 이끌어낼 수 있음을 보여 줌으로써 설명하려는 시도(또
는 그러한 언어로 재기술할 수 있음을 보여 줌으로써 설명하려는
시도). 예를 들어, 물리주의자들은 사고나 지각과 같은 것들이 두
뇌의 생리적 상태로 환원될 수 있음을 보여 줌으로써, 마음에 대한
환원주의적 설명을 시도한다. (**참조.** *물리주의) *과학에서 환원
이 성공하려면, 어떻게 한 영역의 법칙을 더 근본적인 영역의 법칙
으로부터 끌어낼 수 있는 지를 보여 주어야 한다. 종종 환원주의는
설명된 또는 '환원된' 영역이나 대상을 실재하지 않는 것으로 여기
려는 태도와 연결되어 있다.●

● 예를 들어, 정신 사건을 두뇌의 물리적 사건으로 환원하여 설명할 수 있다면, 정신
사건은 실재하지 않으며 다만 두뇌의 물리적 사건만 실재한다고 여기는 태도.

회심回心 conversion #개종 그리스도교에서 쓰는 용어로, 그리스도 안에서 새로운 생명〔삶〕의 시작으로 대표되는 개인의 변화. 성인이 된 후 *신앙을 갖게 된 사람들 중 많은 이들에게는 회심이 구체적인 경험으로 나타난다. 이러한 회심 경험의 본질이 무엇인지, 그 경험이 회심의 증거적 역할을 하는지는 종교 심리학자들과 종교 철학자들에게 논쟁이 된다. 또한 다른 종교로의 회심 또는 마르크스주의와 같은 세속 '신앙'으로의 회심이 가능한지도 중요한 논쟁점이다. **참조.** *구원.

회의주의懷疑主義 skepticism 인간에게 진정한 *지식이 불가능하다고 부인하는 것. 특정 영역(예컨대 초심리학)에 대한 회의주의는 전반적 회의주의 또는 보편적 회의주의와 구별되어야 한다. 고대에는 섹스투스 엠피리쿠스Sextus Empiricus, 160?-210?와 같은 철학자들이 회의주의(이따금 퓌론주의Pyrrhonism라고 한다)를 옹호했다. 고대의 회의주의자들은 자신들의 견해가 아타락시아ataraxía(마음의 평정)를 얻기 위한 방법이라고 권하였다. 근대 철학에서 회의주의는 르네 *데카르트의 철학에서와 같이 방법론적 도구로 간주된다. 근대 철학자들은 회의주의적 논증을 논박하기 위해 여러 가지 시도를 해왔다. 그러한 회의주의적 논증은 외부 세계를 알 수 없다든지, 타자들이 정신을 소유하고 있는지 여부를 알 수 없다든지, 귀납법이 합리적으로 정당화될 수 있는지 여부를 알 수 없다든지 하는 것들이다. 현대의 *포스트모던 철학이나 *반실재론적 철학에서 몇몇 주제들은 그러한 회의주의적 견해와 유사하다.

후설, 에드문트 Husserl, Edmund (1859-1938) *현상학의 창시자이자 마르틴 *하이데거의 스승인 독일 철학자. 현상학은 경험을 기술하되, 그러한 경험이 과학〔학문〕적 이론화를 통해 변질되기 이전의 생생한 것 그대로 기술하는 철학을 개발하고자 하는 시도이다. 후설은 *의식이 '지향적'이라고 가르쳤다. 의식은 주체적인 작용의 측면과 의식이 지향하는 대상의 측면이 함께 기술될 수 있으며, 이 둘은 경험 안에서 통일된 방식으로 나타난다. 후설의 기획에는 아이러니가 있다. 후설은 철학이 다른 학문들의 토대가 되게 하려고 철학을 엄밀학strenge Wissenschaft으로 만들기 위해 큰 열정을 기울인 반면, 후설의 사상은 그의 그러한 이상을 거부하고 철학을 해석학적인 것으로 여긴 *실존주의와 포스트구조주의poststructuralism에 큰 영향을 미쳤다.

후험(적) *선험적/후험적을 보라.

휴머니즘 *인문주의를 보라.

흄, 데이비드 Hume, David (1711-1776) 탁월한 *계몽주의 사상가 중한 명인 스코틀랜드의 철학자. 흄은 경험론자로, '사실의 문제'에 관한 모든 지식은 감각 경험에 기초한다고 주장하였다(즉, 사실의 문제에 관한 어떤 지식도 용어의 의미에 근거하지 않는다). **(참조.** 경험론) 흄은 원인과 결과에 대한 우리의 지식과 *귀납 추론에 의존하는 지식은 그 자체로 합리적으로 정당화될 수 없으며, '습관'에 기초하고 있을 뿐이라는 강력한 논증을 펼쳤다. 흄은 *종교 철학에서 다음과 같은 작업을 한 것으로 유명하다. 첫째로, 그는 *기적에 대한 믿음은 비이성적이라고 논증하였다. 그 이유로, 과거의 경험에 대한 증거는 기적을 지지하는 증언보다 언제나 더 믿을 만하기 때문이다. 둘째로, 자신의 책『자연종교에 관한 대화』(Dialogues Concerning Natural Religion; 나남)에서 *자연 신학을 강력하게 비판하였다.

희망希望 *소망을 보라.

힉, 존 Hick, John (1922-2012) 세계의 종교들에 관한 자신의 견해를 다원주의적 견해로 바꾼 영향력 있는 종교 철학자. 존 힉의 초기 작업을 보면, 그는 *논리 실증주의에 반대하여 종교 *언어가 *인지적으로 의미 있음을 옹호하였으며, 영향력 있는 '영혼-형성' *신정론을 전개하였다. 더 최근에 그는 주장하기를, 세계의 종교들은 각자의 문화에 따라 '실재'the Real에 대한 응답을 표현한 것이고, 따라서 어느 한 종교가 우월한 위치에 서서 교만하게 다른 종교들을 판단할 수 없다. 그리고 힉은 그리스도교 신학에서 예수님의 *성육신이 문자 그대로의 사실이 아니라고 주장했다. **참조.** *다원주의.

힌두교-敎 Hinduism 베다*Véda*와 우파니샤드*Upaniṣad*로 불리는 종교
문헌의 *권위에 의해 규정되는 인도에서 지배적인 종교적 관점.
힌두교는 하나의 종교적 믿음이 아닌 여러 종교 전통이 모인 것이
라 할 수 있다. 왜냐하면 힌두교 안에서 유신론적 견해와 일원론적
견해를 모두 볼 수 있으며, 또한 개인의 *정체성의 본성 같은 것들
에 대해 큰 의견 차이가 있기 때문이다. 힌두교의 특징은 일반적으
로, 영혼이 *윤회 또는 환생한다는 교리를 받아들이는 점, 그리고
윤회의 수레로부터 영혼이 벗어나는 것〔구원〕이 종교적 추구자들
의 목표로 보인다는 점이다. **참조.** *일원론, *유신론.

힐데가르트 폰 빙엔 Hildegard von Bingen (1098-1179) 중세의 신학
자이자 음악가이며 예술가로, 그녀의 사상과 음악은 새롭게 주목
을 받고 있다. 힐데가르트의 생애와 음악은 굉장한 독창성과 심원
한 *신비주의로 점철되어 있다.

표제어 영문 색인

A

a posteriori 후험적 (*선험적/후험적을 보라)

a priori 선험적 (*선험적/후험적을 보라)

Abelard, Peter 아벨라르, 피에르

action (divine and human) 행동-(신과 인간의)

Advaita Vedānta 아드바이타 베단타

afterlife 내생 (*죽음 이후의 삶을 보라)

agapism 아가페주의

agnosticism 불가지론

Alston, William 올스턴, 윌리엄

analogical predication 유비적 서술

analogy of being 존재의 유비

analogy of faith 신앙의 유비

analytic philosophy 분석 철학

angels 천사

animism 애니미즘

Anselm 안셀무스

antheism 범신론

anthropomorphism 신인동형론

antirealism 반실재론

antithesis 반정립

apologetics 변증학

Aquinas, St. Thomas 아퀴나스, 토마스

argument from prophecy 예언으로부터의 논증

Aristotle 아리스토텔레스

Arminianism 아르미니우스주의

aseity 자존성

atheism 무신론

atonement 속죄

attributes of God 하나님의 속성

Augustine, St. 아우구스티누스

authority 권위

autonomy 자율

Averroës 이븐 루시드

Avicenna 이븐 시나

B

balance of probabilities, the 확률적 우위 (*누적사례 논증을 보라)
Barth, Karl 바르트, 칼
Beatific Vision 지복직관
beauty 아름다움
behaviorism 행동주의
belief 믿음
Berkeley, George 버클리, 조지
Boethius 보에티우스
Bonaventure, St. 보나벤투라
Brunner, Emil 브룬너, 에밀
Buber, Martin 부버, 마르틴
Buddhism 불교
Bultmann, Rudolf 불트만, 루돌프
burden of proof 입증의 부담
Butler, Joseph 버틀러, 조지프

C

Calvin, John 칼뱅, 장
Camus, Albert 카뮈, 알베르
Cappadocian fathers 갑바도기아 교부
Carnell, Edward John 카넬, 에드워드 존
categorical imperative 정언 명령
categories 범주
category mistake 범주 오류
causation 인과 관계
chain of being 존재의 사슬
character 성품
Chesterton, G. K. 체스터턴, G. K.
Christology 그리스도론
City of God (Against the Pagans) 신국론
Clarke, Samuel 클라크, 사무엘
classical foundationalism 고전적 토대론
Clement of Alexandria 클레멘스, 알렉산드리아의
cognition, cognitive 인지
coherence theory of truth 진리 정합론 (*정합론 참조)
coherentism 정합론
colonialism, paternalism, imperialism 식민주의, 온정주의, 제국주의
common grace 일반 은혜
Common Sense philosophy 상식 철학

communitarianism 공동체주의

compatibilism 양립 가능론

complementarity 상보성

conceptualism 개념론

Confucianism 유교

conscience 양심

consciousness 의식

consequentialism 결과주의

conservation of creation 창조 세계의 보존(유지)

contingency 우연성

conversion 회심

correspondence theory of truth 진리 대응론

cosmological arguments 우주론적 논증(증명)

counterfactuals 반사실적 조건(서술)

covenant 언약

creation 창조

creation order 창조 질서

creationism 창조론

cultural relativism 문화 상대주의 (*상대주의 참조)

cumulative case arguments 누적 사례 논증(증명)

Cupitt, Don 큐핏, 돈

Daly, Mary 데일리, 메리

Darwinism 다윈주의

D

Daoism 도가

death, survival of 죽음 이후의 존속

deductive argument 연역 논증

deism 이신론

demons 악령

demythologization 비신화화 (*불트만, 루돌프 참조)

deontology 의무론

Derrida, Jacques 데리다, 자크

Descartes, René 데카르트, 르네

design argument 설계 논증 (*목적론적 논증을 보라)

design theory 설계 이론 (*지적 설계를 보라)

determinism 결정론

Dewey, John 듀이, 존

dialectic 변증법

dialectical materialism 변증법적 유물론 (*마르크스주의 참조)

dialectical theology 변증법적 신학 (*신정통주의를 보라)
divine action 하나님의 행동
divine attributes 하나님의 속성
divine command theories 신 명령 이론(들)
divine foreknowledge 하나님의 예지
divine law 하나님의 법 (*법을 보라)
dogma 교의
Dooyeweerd, Herman 도이여베르트, 헤르만
double effect, principle of 이중 결과의 원칙
doubt 의심
dualism 이원론
Duns Scotus, John 둔스 스코투스, 요하네스
Durkheim, Émile 뒤르켐, 에밀

E
ecofeminism 에코 페미니즘
ecological crisis 생태계 위기
Edwards, Jonathan 에드워즈, 조나단
egoism 이기주의
eliminative materialism 제거적 유물론
embodiment 체화
empiricism 경험론
Enlightenment 계몽주의
epistemology 인식론
equivocal 애매한
eschatological verification 종말론적 검증
eschatology 종말론
essentialism 본질주의
eternity/everlasting 영원/불후
ethics 윤리학
Euthyphro dilemma 에우튀프론 딜레마(문제)
everlasting 불후 (*영원/불후를 보라)
evidentialism 증거주의
evil, nature of 악의 본성
evil, problem of 악의 문제
evolution, theory of 진화론
exclusivism 배타주의
existentialism 실존주의

F

faith 신앙

Fall, the 타락

fatalism 숙명론

feminism 페미니즘

Feuerbach, Ludwig 포이어바흐, 루트비히

fideism 신앙주의

finitude 유한성

Five Ways 다섯 가지 길 (*아퀴나스 참조)

foreknowledge, divine 하나님의 예지

foundationalism 토대론

foundationalism, classical 고전적 토대론

free will 자유 의지

free will defense 자유 의지 옹호론

Freud, Sigmund 프로이트, 지그문트

functionalism 기능주의

fundamentalism 근본주의

G

Gadamer, Hans-Georg 가다머, 한스-게오르크

Galileo Galilei 갈릴레오 갈릴레이

gender 젠더

general revelation 일반 계시

Gnosticism 영지주의

God 하나님

God-of-the-gaps argument 틈새의 신 논증

good, the 선

grace 은혜

grace/nature relationship 자연과 은혜의 관계

H

happiness 행복

heaven 천국

hedonism 쾌락주의

Hegel, Georg Wilhelm Friedrich 헤겔, 게오르크 빌헬름 프리드리히

Heidegger, Martin 하이데거, 마르틴

hell 지옥

henotheism 단일신교

hermeneutics 해석학

Hick, John 힉, 존

Hildegard von Bingen 힐데가르트 폰 빙엔
Hinduism 힌두교
historical Jesus 역사적 예수
Hobbes, Thomas 홉스, 토마스
holiness 거룩
holism 전체론
hope 소망
humanism 인문주의
Hume, David 흄, 데이비드
Husserl, Edmund 후설, 에드문트
hypothetical imperative 가언 명령 (*정언 명령 참조)

I

Ibn Rushd 이븐 루시드
Ibn Sīnā 이븐 시나
icons 성상
idealism 관념론
identity, personal 정체성, 개인의
image of God 하나님의 형상
imago Dei 이마고 데이 (*하나님의 형상을 보라)
immortality 불멸성
immutability 불변성
impassibility 무감수성
imperialism 제국주의 (*식민주의, 온정주의, 제국주의를 보라)
incarnation 성육신
incorporeality 무형성
inductive reasoning 귀납 추론
ineffability 형언 불가
inerrancy 무오성
infallibility 무류성
inference to the best explanation 최선의 설명 추론
infinity 무한성
inspiration 영감
intelligent design 지적 설계
Irenaeus 이레나이우스
Islam 이슬람교
Islamic philosophy 이슬람 철학
I-thou relationship 나-너 관계

J

Jainism 자이나교

James, William 제임스, 윌리엄

Judaism 유대교

just war theory 정당전쟁론

justice 정의

justification 정당화

Justin Martyr 유스티누스 순교자

K

kalam cosmological argument 칼람 우주론적 논증

Kant, Immanuel 칸트, 임마누엘

kenotic theories 케노시스 이론

Kierkegaard, Søren Aabye 키에르케고어, 쇠얀 오브이

knowledge 지식

L

language, religious (theories of) 언어 이론, 종교

last judgment 최후의 심판

law (moral, divine, natural) 법(도덕법, 하나님의 법, 자연법)

Leibniz, Gottfried 라이프니츠, 고트프리트

Lessing, Gotthold 레싱, 고트홀트

Levinas, Emmanuel 레비나스, 에마뉘엘

Lewis, C. S. 루이스, C. S.

liberalism (theological) 자유주의(신학적)

liberation theology 해방신학

libertarianism (metaphysical) 자유 의지론(형이상학적)

libertarianism (political) 자유지상주의(정치적)

life after death 죽음 이후의 삶

Locke, John 로크, 존

logical positivism 논리 실증주의

lógos 로고스

love 사랑

Luther, Martin 루터, 마르틴

M

MacIntyre, Alasdair 매킨타이어, 알래스데어

magic 마술

magisterium 교도권

Maimonides, Moses 마이모니데스, 모세스

Manichaeism 마니교
Marcel, Gabriel-Honoré 마르셀, 가브리엘-오노레
Marx, Karl 마르크스, 칼
Marxism 마르크스주의
materialism 유물론
matriarchy 모권제 (*가부장제/모권제를 보라)
mere Christianity 순전한 기독교
metaethics 메타 윤리학
metaphor 은유
metaphysics 형이상학
middle knowledge 중간 지식
mind-body problem 심신 문제
miracle 기적
model 모형
modernism 모더니즘
Molinism 몰리니즘 (*중간지식 참조)
monism 일원론
monotheism 일신교 (*유신론을 보라)
moral arguments (for God's existence) 도덕적 논증(증명)
moral law 도덕법 (*법을 보라)
morality 도덕
mystery 신비
mysticism 신비주의

N
natural law 자연법
natural light 자연의 빛
natural theology 자연 신학
naturalism 자연주의
nature/grace relationship 자연과 은혜의 관계
necessary being 필연적 존재
necessary truths 필연적 진리(참)
necessity 필연성
negative theology 부정 신학
neo-orthodoxy 신정통주의
Neo-Platonism 신플라톤주의
Newman, Cardinal John Henry 뉴먼 추기경, 존 헨리
Nietzsche, Friedrich Wilhelm 니체, 프리드리히 빌헬름
nihilism 허무주의
nominalism 유명론

noncognitivism 비인지주의
nonreductive materialism 비환원적 유물론
numinous 누미노제

O
objectivity 객관성
Ockham, William of 오컴(의 윌리엄)
omnibenevolence 전선
omnipotence 전능
omnipresence 편재
omniscience 전지
ontological argument 존재론적 논증
ontology 존재론
open theism 열린 유신론
order of being 존재의 순서 (*존재의 순서/인식의 순서를 보라)
order of knowing 인식의 순서 (*존재의 순서/인식의 순서를 보라)
Origen 오리게네스
original sin 원죄

P
pacifism 평화주의
paganism 이교주의
pain 고통
Paley, William 페일리, 윌리엄
panentheism 범재신론
Pannenberg, Wolfhart 판넨베르크, 볼프하르트
paradigm 패러다임
parity arguments 동질 논증
Pascal, Blaise 파스칼, 블레즈
paternalism 온정주의 (*식민주의, 온정주의, 제국주의를 보라)
patriarchy/matriarchy 가부장제/모권제
Peirce, Charles Sanders 퍼스, 찰스 샌더스
Pelagianism 펠라기우스주의
perception 지각
perfection 완전성
personalism 인격주의
personhood 인격
phenomenology 현상학
philosophical theology 철학적 신학
philosophy 철학

Ricœur, Paul 리쾨르, 폴
Romanticism 낭만주의
Rorty, Richard 로티, 리처드
Rousseau, Jean Jacques 루소, 장 자크
Russell, Bertrand 버트런드 러셀

S
salvation 구원
Sartre, Jean-Paul 사르트르, 장-폴
Schaeffer, Francis 쉐퍼, 프란시스
Schleiermacher, Friedrich 슐라이어마허, 프리드리히
Scholasticism 스콜라 철학
science 과학
scientism 과학주의
Scotus, John Duns 둔스 스코투스, 요하네스
secularism 세속주의
self 자아
sexuality 성
sign 기호
simplicity 단순성
sin 죄
skepticism 회의주의
Smith, Wilfred Cantwell 스미스, 윌프레드 캔트웰
social trinitarianism 사회적 삼위일체론
Socrates 소크라테스
soft determinist 약한 결정론
sola fides 솔라 피데
sola gratia 솔라 그라티아
sola Scriptura 솔라 스크립투라
solipsism 유아론
soul 영혼
sovereignty 주권
special revelation 특별 계시
Spinoza, Baruch 스피노자, 바뤼흐
Stoicism 스토아 철학
Strauss, David Friedrich 슈트라우스, 다비드 프리드리히
structuralism 구조주의
subjectivism 주관주의
substance 실체
sufficient reason, principle of 충족이유율

supererogation, works of 여공
survival of death 죽음 이후의 존속
Swinburne, Richard 스윈번, 리처드
symbol 상징 (*기호 참조)

T
tacit knowledge 암묵적 지식
Taoism 도가
teleological argument 목적론적 논증
Tertullian 테르툴리아누스
theism 유신론
theistic arguments 신 존재 논증(증명)
theistic attributes 하나님의 속성
theodicy 신정론
theology 신학
Thomas Aquinas 아퀴나스, 토마스
Thomism 토마스주의
Tillich, Paul 틸리히, 폴
time 시간
timelessness 무시간성
tolerance 관용
Torrance, Thomas F. 토런스, T. F.
tradition 전통
transcendence 초월
transcendental argument 초월적 논증
Transcendentalism 초월주의
transcendentals 초월범주
transubstantiation 화체설
Trinity 삼위일체
truth 진리

U
uncertainty principle 불확정성 원리 (*상보성 참조)
universalism 보편 구원론
univocal 단의적
utilitarianism 공리주의

V
Van Til, Cornelius 반 틸, 코넬리우스
verification theory of meaning 의미 검증 이론

virtue 덕
voluntarism 주의주의

W
wager argument   내기 논증
Weil, Simone   베이유, 시몬느
Westphal, Merold   웨스트팔, 메롤드
Whitehead, Alfred North   화이트헤드, 알프레드 노스
Wicca   위카
will to believe   믿고자 하는 의지
Wittgenstein, Ludwig   비트겐슈타인, 루트비히
Wolterstorff, Nicholas   월터스토프, 니콜라스
works of supererogation   여공
worldview   세계관
worship   예배

Z
Zen Buddhism   선종
Zoroastrianism   조로아스터교

신행사전 006

철학·변증학 용어 사전
Pocket Dictionary of Apologetics and Philosophy of Religion

지은이 C. 스티븐 에반스(C. Stephen Evans)
옮긴이 김지호

초판1쇄 인쇄 2018. 5. 23.
초판1쇄 발행 2018. 5. 31.
발행처 도서출판 100
펴낸이 김지호
전 화 070-4078-6078
팩 스 050-4373-1873
이메일 100@100book.co.kr
홈페이지 www.100book.co.kr
가 격 9,000원
ISBN 979-11-89092-01-6
CIP제어번호 CIP2018014779

이 도서의 국립중앙도서관 출판예정도서목록(CIP)은 서지정보유통지원시스템 홈페이지(http://seoji.nl.go.kr)와
국가자료공동목록시스템(http://www.nl.go.kr/kolisnet)에서 이용하실 수 있습니다.